国家级精品课程《会计学》
国家级资源共享课程《会计学》　配套用书
浙江省精品在线开放课程《会计学》

会计学习题集

（第三版）

罗金明　主编

浙江工商大学出版社
ZHEJIANG GONGSHANG UNIVERSITY PRESS
·杭州·

图书在版编目(CIP)数据

会计学习题集 / 罗金明主编. —3 版. —杭州：浙江工商大学出版社，2017.3(2024.2 重印)

ISBN 978-7-5178-2023-9

Ⅰ. ①会… Ⅱ. ①罗… ②胡… Ⅲ. ①会计学—高等学校—习题集 Ⅳ. ①F230-44

中国版本图书馆 CIP 数据核字(2017)第 007711 号

会计学习题集(第三版)

罗金明 主编

责任编辑 郑　建

封面设计 林朦朦　蔡思婕

出版发行 浙江工商大学出版社

(杭州市教工路 149 号　邮政编码 310012)

(E-mail:zjgsupress@163.com)

(网址:http://www.zjgsupress.com)

电话:0571-88823703,88831806(传真)

排　　版 杭州朝曦图文设计有限公司

印　　刷 广东虎彩云印刷有限公司绍兴分公司

开　　本 850mm×1168mm　1/32

印　　张 8

字　　数 215 千

版 印 次 2017 年 3 月第 1 版　2024 年 2 月第 8 次印刷

书　　号 ISBN 978-7-5178-2023-9

定　　价 29.00 元

前　言

（第三版）

“经济越发展，会计越重要”，会计信息对经济管理决策和控制的作用日益显著。所有准备从事经济、管理工作的学生都应该掌握会计这一“国际通用的商业语言”，以提高自己的经济、管理乃至工程技术水平。会计学是实用性、技术性很强的应用性学科，只学习会计理论不进行习题练习与操作训练，是无法真正理解其基本方法与技能的。因此，我们总结多年来的会计教学经验，编写了《会计学》（高等教育出版社出版）、《会计学习题集》（浙江工商大学出版社出版）两本相互配套使用的教材和教辅用书，并建设了内容丰富的课程网站，以满足经济、管理类等非会计专业学生学习会计学课程的需要。

本习题集是罗金明教授主持的国家精品课程、国家资源共享课程、浙江省精品在线开放建设课程《会计学》的配套用书。习题集根据会计课程内容的特点，突出非会计专业学生学会计、用会计的教学需要，按照教材的章节顺序编写，每章有填空题、单项选择题、多项选择题、判断改错题、计算分析题、业务题和案例分析题等，并附有参考答案和模拟试卷，供学生练习与讨论使用。学生在使用本习题集时，要认真学习教材，多加思考，独立地完成习题，最后再对照答案。如果还有疑难，再通过课程网站与同学、老师进行线上线下讨论。通过习题练习和案例分析，能帮助学生比较透彻地掌握各章的基本原理和基本方法，提高会计知识的灵活应用水平。

本习题集由浙江工商大学罗金明教授担任主编。全书共9章，第1章、第3章、第5章由罗金明教授编写，第2章、第6章由苏芝副教授编写，第4章、第7章由胡霞副教授编写，第8章、第9章由裘益政教授编写；第一、二套模拟试卷由罗金明教授编写，第三、四、五套模拟试卷由陈为人副教授编写。罗金明教授对全书进行了校对、总纂。

由于会计准则及相关法规不断推陈出新，再加上编者水平有限，本书可能存在滞后和不足，恳请读者批评指正，以便于编者再版时修正。

编　者

2019年12月17日

目　　录

第一部分　练习题

第二部分　综合模拟试卷

第1章 总　　论

一、填空题

1. 会计是以提供______________为主的一个经济信息系统。

2. 会计的基本职能是________和________。

3. 企业会计确认、计量和报告应以______________作为基础。

4. 会计核算的基本前提有：货币计量、__________、__________和__________。

5. 谨慎性原则要求：不得高估________________，不得低估________________。

6. 我国将会计要素划分为________、________、________、________、________和__________。

7. 资产是由企业________或________能以货币计量的资源。

8. 所有者权益是企业投资人对企业的________所有权。

9. 利润是企业一定会计期间的____________。

10. 企业在对会计要素进行计量时，可以采用________、________、________、________和________计量属性。

二、判断改错题

1.（　　）会计以货币作为唯一的计量单位进行核算。

2.（　　）一般说来，法律主体必然是会计主体，但会计主体并不一定就是法律主体。

3.（　　）由于有了会计分期，才产生了权责发生制和收付实现制。

4.（　　）企业由于未来发生的交易形式的义务，应当作为负债处理。

5.（　　）企业通常应采用公允价值计量。

6.（　　）谨慎性原则是要求会计人员在记账时，要保持谨慎小心的态度。

7.（　　）重要性原则阐明会计信息很重要。

8.（　　）可比性原则不仅要求企业之间会计信息横向可比，同时也要求同一企业不同会计期间信息纵向可比。

9.（　　）没有会计要素，会计信息和会计报表无法成立。

10.（　　）流动资产中的材料与固定资产的区别在于耗用时间长短不同。

11.（　　）所有者权益是指企业所有者的全部投资。

12.（　　）我国会计年度为每年公历 1 月 1 日至 12 月 31 日。

13.（　　）采用历史成本计量时，在任何情况下都不得调整账面的历史成本。

14.（　　）会计恒等式可以表述为：资产＝负债＋所有者权

益＋收入－费用。

15.（　　）半年度、季度和月度均称为会计中期。

三、单项选择题

1. 在选择会计处理方法时，各企业应当选择相同的会计处理方法，是为了满足会计信息质量的（　　）要求。

A. 客观性　　B. 可比性

C. 谨慎性　　D. 及时性

2. 下列（　　）要求划分各期收入和费用。

A. 相关性　　B. 配比性

C. 权责发生制　　D. 重要性

3. 企业在不同时期所采用的会计程序和方法不得随意变更，满足会计信息质量的（　　）要求。

A. 配比　　B. 及时性

C. 可比性　　D. 谨慎性

4. 下列属于是会计信息质量要求的是（　　）。

A. 及时性　　B. 权责发生制

C. 历史成本　　D. 持续经营

5. 预付账款属于会计要素中的（　　）。

A. 资产　　B. 负债

C. 所有者权益　　D. 费用

6. 要求企业提供的会计信息应当能够反映企业的财务状况、经营成果和现金流量，以满足会计信息使用者的需要是（　　）的要求。

A. 权责发生制　　B. 客观性

C. 重要性　　D. 相关性

7. 在资产、负债的计价及损益的确定时，不预计任何可能的收益，但合理预计可能发生的损失和费用，这体现了（　　）的具体运用。

A. 一贯性　　B. 谨慎性

C. 重要性　　D. 可比性

8. 反映企业财务状况的会计要素是(　　)。

A. 资产、负债和所有者权益

B. 资产、收入和费用

C. 资产、利润和所有者权益

D. 所有者权益、利润和费用

9. 导致产生本期与非本期概念的会计核算基本前提是(　　)。

A. 会计主体　　B. 持续经营

C. 会计分期　　D. 货币计量

10. 引起资产内部两个项目此增彼减而资产总额不变的经济业务是(　　)。

A. 用银行存款偿还借款　　B. 收到投资者货币投资

C. 收到外单位前欠货款　　D. 用银行存款支付投资者利润

11. 某公司6月份期初资产总额为200000元,当期期末负债总额比期初减少20000元,期末所有者权益比期初增加60000元。则该企业期末资产总额为(　　)元。

A. 180000　　B. 200000

C. 240000　　D. 260000

12. 下列经济业务会引起资产类项目和负债类项目同时减少的是(　　)。

A. 从银行提取现金

B. 赊购原材料

C. 用银行存款归还企业的银行短期借款

D. 接受投资者投入的现金资产

13. 银行将短期借款6000000元转为对本公司的投资,这项经济业务将引起(　　)。

A. 公司资产的减少,所有者权益的增加

B. 公司负债的增加，所有者权益的减少

C. 公司负债的减少，所有者权益的增加

D. 公司负债的减少，资产的增加

14. 下列项目中不属于流动资产的是(　　)。

A. 材料　　B. 未分配利润

C. 库存商品　　D. 银行存款

15. 下列项目中不属于所有者权益的是(　　)。

A. 土地使用权　　B. 实收资本

C. 资本公积　　D. 盈余公积

四、多项选择题

1. 会计监督职能的特点包括(　　)。

A. 事后监督　　B. 通过价值指标监督

C. 事前监督　　D. 事中监督

2. 会计核算的基本前提有(　　)。

A. 会计主体　　B. 货币计量

C. 会计分期　　D. 持续经营

3. 企业下列做法中，属于遵循谨慎性原则的有(　　)。

A. 计提坏账准备

B. 加速计提折旧

C. 物价下降时存货计价的先进先出法

D. 认真对账

4. 根据权责发生制原则，下列应计入本期收入和费用的有(　　)。

A. 本期实现的收入，并已收款

B. 本期实现的收入，尚未收款

C. 属于本期的费用，尚未支付

D. 属于以后各期的费用，但已支付

5. 会计等式是(　　)的基本依据。

A. 复式记账　　B. 填制凭证
C. 会计报表　　D. 设置账户

6. 关于"资产＝负债＋所有者权益"这一会计等式，下列表述中，正确的有（　　）。

A. 是复式记账的理论依据
B. 体现了企业某一特定时点上的财务状况
C. 是编制企业资产负债表的理论依据
D. 是企业资金运动的动态表现

7. 根据权责发生制，应计入本期收入的业务有（　　）。

A. 预收货款 10000 元
B. 销售产品，价款 25000 元，款未收到
C. 销售产品，价款 5000 元，款已于上月预收
D. 预付购货款 500000 元

8. 下列各项中，属于无形资产的有（　　）。

A. 土地使用权　　B. 专利权
C. 长期待摊费用　　D. 商标权
E. 商誉

9. 根据权责发生制原则，应计入本期成本或费用的业务有（　　）。

A. 购买办公用品支付现金 1000 元并全部领用
B. 9 月份支付的第三季度利息 120000 元
C. 支付本月广告费 10000 元
D. 预付后两年的房屋租金 800000 元

10. 因收入的取得而可能发生变化的会计要素有（　　）。

A. 收入　　B. 费用
C. 所有者权益　　D. 资产
E. 负债

11. 根据收付实现制原则，应计入本期的收入或费用有（　　）。

A. 本期实现的收入，并已收款

B. 本期实现的收入，尚未收款

C. 属于本期的费用，尚未支付

D. 属于以后各期的费用，但已支付

12. 可以作为一个会计主体进行核算的有（　　）。

A. 企业生产车间

B. 子公司

C. 分公司

D. 母公司及子公司组成的企业集团

13. 会计反映职能的特点包括（　　）。

A. 反映已发生的经济业务　B. 具有完整性、连续性、系统性

C. 主要利用货币计量　D. 预测未来

14. 下列各项中，属于企业负债的有（　　）。

A. 企业向银行的借款

B. 应收保险公司的赔偿款

C. 预付职工的差旅费借款

D. 应交未交的税金

15. 各会计要素之间的关系，下列表述正确的有（　　）。

A. 资产＝负债＋所有者权益

B. 资产＝负债＋所有者权益＋收入－费用

C. 利润＝收入－费用

D. 资产＝权益

五、计算分析题

1. 某工厂创办时，取得国家以固定资产形式进行的投资 900000 元，以流动资产方式进行的投资 720000 元，其中原材料 452000 元，其余均为银行存款。另外向银行借款（二年期）160000 元，已存入银行。要求：

（1）计算该厂资产总额是多少？其中流动资产是多少？非流动资产是多少？

(2)计算该厂负债总额和所有者权益总额。

2. 某公司 20×6 年 12 月 1 日资产总额为 400000 元，负债总额为 150000 元，所有者权益总额为 250000 元。该公司 12 月发生如下经济业务：

(1)12 月 5 日以银行存款 50000 元购入机器一台。

(2)12 月 7 日投资者以土地使用权追加投资，价值 100000 元。

(3)12 月 15 日收到购货单位所欠货款 20000 元，存入银行。

(4)12 月 20 日根据公司董事会决议，将 100000 盈余公积转增资本金。

(5)12 月 28 日购入材料 20000 元，货款尚未支付。

要求：分析说明上述经济业务对各个会计要素的影响，并计算 12 月 31 日该公司的资产、负债及所有者权益总额。

	资产	负债	所有者权益
月初余额			
12 月 5 日			
12 月 7 日			
12 月 15 日			
12 月 20 日			
12 月 28 日			
月末余额			

3. 根据某企业20×8年7月份发生的下列经济业务，按权责发生制和收付实现制原则分别计算该企业本月的收入和费用，并在下表中有关项目内填列。资料如下：

(1)销售产品600000元，货款存入银行。

(2)销售产品150000元，货款尚未收到。

(3)预付20×8年7月至2×10年6月的仓库租金120000元。

(4)本月应计提短期借款利息32000元，利息拟于9月份支付。

(5)收回上月销货款18000元。

(6)预收销货款82000元，2个月后交货。

20×8年7月收入和费用确认表

序号	权责发生制		收付实现制	
	收　入	费　用	收　入	费　用
(1)				
(2)				
(3)				
(4)				
(5)				
(6)				
合计				

六、案例分析题

1. 某公司会计林女士对公司最近发生的下列经济业务进行了如下会计处理：

(1)公司老板林纲给自己孩子购买了800元的学习用品，并到公司报销。林女士将其作为公司管理费用核算。理由是林纲是公司的投资者，公司是属于林纲的。

(2)公司成立于20×6年2月18日，林女士按20×6年2月18日至20×7年2月18日作为一年编制年度利润表。

(3)为降低公司的利润，林女士自10月份开始将公司固定资产的折旧方法从以前的平均年限法改为加速折旧法。

(4)公司12月在某商场租赁了一个柜台,租赁期为三年,12月份预付三年租金600000元,并将其全部作为12月份的销售费用核算。

要求:该公司上述会计处理是否正确?如有错误,违背了哪项会计假设或会计信息质量要求?

第1章参考答案

一、填空题

1. 财务信息　2. 反映（或核算）　监督　3. 权责发生制　4. 会计主体　持续经营　会计分期　5. 资产或收益　负债或费用　6. 资产　负债　所有者权益　收入　费用　利润　7. 拥有　控制　8. 净资产　9. 经营成果　10. 历史成本　重置成本　可变现净值　现值　公允价值

二、判断改错题

1. ×　2. √　3. √　4. ×　5. ×　6. ×　7. ×　8. √　9. √　10. ×　11. ×　12. √　13. ×　14. √　15. √

三、单项选择题

1. B　2. C　3. C　4. A　5. A　6. D　7. B　8. A　9. C　10. C　11. C　12. C　13. C　14. B　15. A

四、多项选择题

1. ABCD　2. ABCD　3. ABC　4. ABC　5. ACD　6. ABC　7. BC　8. ABD　9. AC　10. ACDE　11. AD　12. ABCD　13. ABCD　14. AD　15. ABCD

五、计算分析题

1. (1)流动资产＝452000(原材料)＋428000(银行存款)

＝880000(元)

非流动资产＝900000(元)(固定资产)

资产总额＝880000＋900000＝1780000(元)

(2)负债＝160000(元)(长期借款)

所有者权益＝900000＋720000＝1620000(元)

2.

	资产	负债	所有者权益
月初余额	400000	150000	250000
12月5日	＋50000 －50000		
12月7日	＋100000		＋100000
12月15日	＋20000 －20000		
12月20日			＋100000 －100000
12月28日	＋20000	＋20000	
月末余额	520000	170000	350000

3.

20×8年7月收入和费用确认表

序号	权责发生制		收付实现制	
	收　入	费　用	收　入	费　用
(1)	600000		600000	
(2)	150000			
(3)		5000		120000
(4)		32000		
(5)			18000	
(6)			82000	
合计	750000	37000	700000	120000

六、案例分析题

1. 林女士这四项业务的处理全部错误：

(1)违背了会计主体假设。

(2)违背了会计分期假设。

(3)不符合可比性要求。

(4)不符合权责发生制的要求。

第2章　会计核算方法

一、填空题

1. 记账方法有______________和______________两类。

2. 我国曾采用的复式记账方法有____________、____________和______________。

3. 借贷记账法的记账规则是____________________________。

4. 借贷记账法的试算平衡方法有____________和__________。

5. 对会计对象具体内容进一步分类的项目称为____________。

6. 会计分录可分为______________和______________两种。

7. 账户按提供指标的详细程度不同，可分为______________和______________两种。

8. 权益中属于投资人的部分称为______________，属于债权人的部分称为______________。

9. 一个企业的资产总额和______________总额必然相等。

10. 平行登记的要点包括__________、__________、__________和__________。

二、判断改错题

1.（　　）借贷记账法中的“借”、“贷”分别表示债权和债务。

2.（　　）一般而言，费用类账户结构与权益类账户结构相同，收入类账户结构与资产类账户结构相同。

3.（　　）只要实现了期初余额、本期发生额和期末余额的平衡关系，就说明账户记录正确。

4.（　　）在经济业务处理过程中所形成的账户之间的应借应贷关系，称为账户的对应关系。

5.（　　）所有经济业务的发生，都会引起会计等式两边发生变化。

6.（　　）任何经济业务发生都不会破坏会计等式的平衡关系。

7.（　　）借贷记账法下，账户的基本结构是：每一个账户的左边均为借方，右边均为贷方。

8.（　　）一般来说，各类账户的期末余额与记录增加额的一方都在同一方向。

9.（　　）在试算平衡表中，如果所有账户的借贷方发生额合计数或借贷方余额均相等，说明记账工作正确。

10.（　　）取得银行贷款并存入银行，会引起资产和负债同时增加。

三、单项选择题

1. 会计科目是对（　　）。
A. 会计对象分类所形成的项目
B. 会计要素分类所形成的项目
C. 会计方法分类所形成的项目
D. 会计账户分类所形成的项目

2. 会计科目和账户之间的区别在于(　　)。

A. 记录资产和权益的增减变动情况不同

B. 记录资产和负债的结果不同

C. 反映的经济内容不同

D. 账户有结构而会计科目无结构

3. 在借贷记账法下,将账户划分为借、贷两方,哪一方记增加,哪一方记减少,是根据(　　)的。

A. 凡借方都记增加,贷方都记减少规则决定

B. 账户的性质决定

C. 记账方法决定

D. 核算方法决定

4. 复式记账法是指对每发生的任何一笔经济业务都必须以相等的金额,在两个或两个以上的账户中(　　)。

A. 相互联系地进行分类记录

B. 一方记增加,另一方记减少

C. 两者都记增加

D. 两者都记减少

5. 下列引起资产和负债同时减少的经济业务是(　　)。

A. 购买材料,货款尚未支付

B. 以银行存款支付前欠货款

C. 收回应收货款存入银行

D. 用现金支付办公费用

6. 某企业资产总额为100万元,当发生下列经济业务后:(1)向银行借款10万元存入银行;(2)用银行存款偿还应付账款5万元;(3)收回应收账款2万元存入银行,其资产总额为(　　)万元。

A. 107　　　　B. 105

C. 117　　　　D. 112

7. 以银行存款交纳所得税,所引起的变动为(　　)。

A. 一项资产减少,一项所有者权益减少

B. 一项资产减少,一项负债减少

C. 一项负债减少,一项权益减少

D. 一项资产减少,一项资产增加

8. 某企业采购员预借差旅费,所引起的变动为(　　)。

A. 一项资产增加,一项负债增加

B. 一项资产增加,一项资产减少

C. 一项资产减少,一项负债减少

D. 一项负债增加,一项负债减少

9. 权益类账户期末余额通常在(　　)。

A. 借方　　　　B. 借方和贷方

C. 贷方　　　　D. 借方或贷方

10. 账户试算平衡法是依据(　　)确定的。

A. 借贷记账法

B. 经济业务的内容

C. “资产＝负债＋所有者权益”的恒等关系

D. 经济业务的类型

11. 借贷记账法的余额试算平衡公式是(　　)。

A. 每个账户的借方发生额＝每个账户的贷方发生额

B. 全部账户本期借方发生额合计＝全部账户本期贷方发生额合计

C. 全部账户期末借方余额合计＝全部账户期末贷方余额合计

D. 全部账户期末借方余额合计＝部分账户期末贷方余额合计

12. 总分类账与其所属明细账之间的核对是依据(　　)的原理。

A. 复式记账法　　　　B. 借贷记账法

C. 平行登记　　　　D. 会计恒等式

13. 下列方法中,不属于会计核算方法的有(　　)。

A. 填制会计凭证　　　　B. 登记会计账簿

C. 编制财务预算　　　　D. 编制会计报表

14. 下列不属于总账科目的是(　　)。

A. 原材料　　B. 甲材料

C. 应付账款　　D. 应收账款

15. 某企业某月月初资产总额为300万元,负债总额120万元,本月发生如下业务:①向银行借入18万元存入银行;②购买原材料一批,价税合计20万元,款项已用银行存款支付,月末已入库。月末该企业的所有者权益总额应为(　　)万元。

A. 178　　B. 218

C. 180　　D. 200

16. "应收账款"账户的期初借方余额为8000元,本期贷方发生额为6000元,本期借方发生额为10000元,则期末余额为(　　)。

A. 借方4000　　B. 借方12000

C. 贷方4000　　D. 贷方12000

17. 下列记账差错中,可以通过编制试算平衡表发现的记账差错是(　　)。

A. 漏记了某项经济业务

B. 错误地使用了应借记的会计科目

C. 只登记了会计分录的借方或贷方,漏记了另一方

D. 颠倒了记账方向

18. 不属于损益类科目的是(　　)

A. 管理费用　　B. 销售费用

C. 财务费用　　D. 制造费用

19. 下述属于会计业务的是(　　)

A. 一项资产增加,一项权益减少

B. 资产增加,负债减少

C. 负债减少,所有者权益减少

D. 一项资产增加,另一项资产减少

20. 下述属于所有者权益科目的是(　　)

A. 其他业务收入　　B. 其他收益

C. 其他综合收益　　D. 库存商品

四、多项选择题

1. 下列属于会计科目的有(　　)。

A. 流动负债　　B. 固定资产

C. 应付账款　　D. 未完工产品

E. 货币资金

2. 下列经济业务中,引起资产一增一减的有(　　)。

A. 以银行存款购买设备

B. 从银行提取现金

C. 以银行存款购买材料

D. 以银行存款偿还以前欠款

3. 下列经济业务中,不会引起会计等式两边同时发生增减变动的有(　　)。

A. 收到应收账款存入银行

B. 购进材料未付款

C. 从银行提取现金

D. 从银行取得借款再存入银行

4. 复式记账法的优点包括可以(　　)。

A. 进行试算平衡

B. 了解经济业务的来龙去脉

C. 简化账簿登记工作

D. 检查账户记录的正确性

5. 下列错误中,(　　)不能通过试算平衡发现。

A. 某项经济业务未入账

B. 应借应贷的账户中借贷方向颠倒

C. 借贷双方同时等额多计了经济业务的金额

D. 借贷双方中一方多记金额,一方少记金额

6. 在借贷记账法下,"借"表示(　　)。

A. 权益的增加　　B. 费用的增加
C. 资产的增加　　D. 利润的增加

7. 仓库发出材料一批，其中产品领料1000元，车间一般耗料500元，应计入下列(　　)账户的借方。

A. 生产成本　　B. 管理费用
C. 材料　　D. 制造费用

8. 下列经济业务发生，使资产总额不变的有(　　)。

A. 从银行取得借款，存入银行
B. 以银行存款偿还前欠购货款
C. 从银行提取现金
D. 以银行存款购买材料

9. 下列账户中，用贷方登记增加数的账户有(　　)。

A. 应付账款　　B. 实收资本
C. 累计折旧　　D. 盈余公积
E. 本年利润

10. 下列账户中，在会计期末一般没有余额的账户有(　　)。

A. 资产类账户　　B. 负债类账户
C. 所有者权益类账户　　D. 收入类账户
E. 费用类账户

五、计算分析题

1. 资料：某企业发生的经济业务如下：

(1)用银行存款购买材料。
(2)用银行存款支付所欠货款。
(3)向银行借入长期借款。
(4)收到投资者投入的资本。
(5)收到投资者投入的设备。
(6)购买一批机器设备，货款未付。
(7)企业用固定资产向外单位投资。

(8)用现金偿还前欠B单位的运输费用。

(9)将盈余公积转作资本。

(10)企业所有者甲代企业归还银行欠款,并将其转为投入资本。

要求:说出上述10笔业务的资金变化对会计等式影响的类型。

2. 风发公司20×7年12月31日有关账户的部分资料如下:

单位:元

账户名称	期初余额		本期发生额		期末余额	
	借方	贷方	借方	贷方	借方	贷方
长期股权投资	800000		440000	20000	(　　)	
银行存款	120000		(　　)	160000	180000	
应付账款		160000	140000	120000		(　　)
短期借款		90000	(　　)	20000		60000
应收账款	(　　)		60000	100000	40000	
实收资本		700000		(　　)		1240000
其他应付款		50000	50000	0		(　　)

要求:根据账户期初余额、本期发生额和期末余额的计算方法,计算并填列上表中括号内的数字。

六、业务题

1. 资料：天华工厂 20×8 年 3 月发生的部分经济业务如下：

(1)从银行提取现金 400 元。

(2)购入原材料一批计 3500 元，货款已用银行存款支付。

(3)国家投入资本 20000 元，存入银行存款户。

(4)采购员王民出差预借差旅费 350 元，财务科以现金支付。

(5)购入甲种材料 30000 元，乙种材料 2600 元。乙种材料款已以银行存款支付，甲种材料款未付。

(6)收到购买单位支付的上月所欠货款 25000 元，其中 10000 元直接用于归还银行短期借款，其余 15000 元存入银行。

(7)支付现金 400 元，其中 300 元系购入生产用的丙种材料款，100 元由采购员王民借支。

(8)国家投入资本 45000 元，其中 15000 元存入银行存款户，30000 元直接归还应付的购货款。

要求：对上述经济业务进行分析，并据以作出正确的会计分录。

2. 资料：

(1)大力机器厂 20×8 年 3 月 31 日“原材料”和“应付账款”账户余额如下：

①“原材料”总分类账户：借方余额 7940 元。其中：

材料名称	计量单位	数量	单价(元)	金额(元)
方钢	千克	600	0.90	540
圆钢	千克	5000	1.00	5000
钢板	千克	2000	1.20	2400

② “应付账款”总分类账户：贷方余额 4140 元。其中：

供应单位名称	金额(元)
新丰钢铁厂	600
梅山钢铁厂	3000
江城钢铁厂	540

(2)该厂 4 月份发生下列有关经济业务：

①4 日，生产车间领用圆钢 2000 千克，每千克 1 元；领用钢板 1500 千克，每千克 1.2 元，全部投入产品生产。(提示：用“生产成本”)

②5 日，以银行存款偿还前欠货款 3540 元，其中梅山厂 3000 元，江城厂 540 元。

③8 日，向梅山厂购入圆钢 1000 千克，每千克 1 元；钢板 1000 千克，每千克 1.2 元，材料均已验收入库，货款尚未支付。

④10 日，以银行存款偿还前欠新丰厂货款 600 元。

⑤15 日，向江城厂购入方钢 500 千克，每千克 0.9 元，已验收入库，但货款 450 元尚未支付。

⑥16 日，车间领用下列钢材投入生产：方钢 700 千克，每千克 0.9 元；圆钢 1800 千克，每千克 1 元。

⑦17 日，向新丰厂购入钢板 1000 千克，每千克 1.2 元。钢板已验收入库，货款当即以银行存款支付。

⑧18 日，以银行存款偿还梅山厂货款 2200 元。

⑨22 日，车间领用下列钢板投入生产：圆钢 900 千克，每千克 1 元；钢板 1500 千克，每千克 1.2 元。

⑩30 日，向梅山厂购入圆钢 1700 千克，每千克 1 元；钢板 500

千克,每千克 1.2 元。材料已验收入库,货款尚未支付。

要求:

1. 根据资料(1),开设“原材料”和“应付账款”总分类账户及有关的明细分类账户,登记期初余额。

2. 根据资料(2),编制会计分录,登记:“原材料”和“应付账款”总分类账户及有关的明细分类账户(其他账户从略)。

3. 结出各账户的本期发生额和期末余额。

总分类账

会计科目:原材料　　　　单位:元

日　期	凭证号	摘　要	借　方	贷　方	借或贷	余　额

会计科目:应付账款　　　　单位:元

日期	凭证号	摘要	借方	贷方	借或贷	余额

原材料明细账

材料名称:方钢　　　　数量单位:千克　金额单位:元

日期	凭证号	摘要	单价	收入		发出		结存	
				数量	金额	数量	金额	数量	金额

材料名称:圆钢　　　　数量单位:千克　金额单位:元

日期	凭证号	摘要	单价	收入		发出		结存	
				数量	金额	数量	金额	数量	金额

材料名称:钢板　　　　　　　　　　　　　　　　数量单位:千克　金额单位:元

日期	凭证号	摘　要	单价	收　入		发　出		结　存	
				数量	金额	数量	金额	数量	金额

应付账款明细账

单位名称:新丰钢铁厂　　　　　　　　　　　　　　　　　　单位:元

日　期	凭证号	摘　要	借　方	贷　方	借或贷	余　额

单位名称:梅山钢铁厂　　　　　　　　　　　　　　　　　　单位:元

日　期	凭证号	摘　要	借　方	贷　方	借或贷	余　额

单位名称：江城钢铁厂　　　　　　　　　　　　　　　　单位：元

日　期	凭证号	摘　要	借　方	贷　方	借或贷	余　额

3. 资料：

(1)某工业企业 20×8 年 1 月份有关账户的期初余额如下：

单位：元

资　产　类		负债及所有者权益类	
账户名称	金额	账户名称	金额
固定资产	78430	实收资本	181330
原材料	16420	短期借款	200700
生产成本	235400	应付账款	6780
库存商品	43280	其他应付款	1760
库存现金	2460		
银行存款	7590		
应收账款	5760		
其他应收款	1230		
合　计	390570	合　计	390570

(2)20×8 年 1 月份发生如下经济业务：

①从银行提取现金 500 元。

②用银行存款购买材料一批，货款 5500 元，该材料已验收入库。

③用银行存款归还前欠货款 3000 元。

④国家投入无需安装的新机器一台，价值 25000 元。

⑤收到购货单位归还货款 4400 元，存入银行。

⑥按规定将多余现金 500 元存入银行。

⑦生产车间生产产品领用材料，价值 14500 元。

⑧向银行借入短期贷款 70000 元，存入银行。

要求：

1. 根据资料(1),开设账户,并登记期初余额。

2. 根据资料(2),编制会计分录并登记账户。

3. 结算各账户的本期发生额和期末余额。

4. 根据期初余额,本期发生额和期末余额编制试算平衡表,并进行试算平衡。

固定资产

期初余额	
本期发生额	本期发生额
期末余额	

库存现金

期初余额	
本期发生额	本期发生额
期末余额	

原材料

期初余额	
本期发生额	本期发生额
期末余额	

银行存款

期初余额	
本期发生额	本期发生额
期末余额	

生产成本

期初余额	
本期发生额	本期发生额
期末余额	

应收账款

期初余额	
本期发生额	本期发生额
期末余额	

库存商品

期初余额	
本期发生额	本期发生额
期末余额	

其他应收款

期初余额	
本期发生额	本期发生额
期末余额	

实收资本	
	期初余额
本期发生额	本期发生额
	期末余额

短期借款	
	期初余额
本期发生额	本期发生额
	期末余额

其他应付款	
	期初余额
本期发生额	本期发生额
	期末余额

应付账款	
	期初余额
本期发生额	本期发生额
	期末余额

试算平衡表

单位:元

会计科目	期初余额		本期发生额		期末余额	
	借　方	贷　方	借　方	贷　方	借　方	贷　方
库存现金						
银行存款						
原材料						
生产成本						
库存商品						
应收账款						
其他应收款						
固定资产						
短期借款						
应付账款						
其他应付款						
实收资本						
合　计						

七、案例分析题

1. 王明原来是饭店的服务员，年薪 10000 元。一年前他辞去工作，个人投资 50000 元，创办了龙泉娱乐中心，主要经营宴席、酒会、小吃等饮食服务，同时经营舞会、宴会等场地出租。该娱乐中心一年来的经营情况如下：

(1)提供饮食服务收入 160000 元。

(2)出租场地租金收入 26000 元。

(3)各种饮食品的成本共计 84000 元。

(4)支付广告费 10000 元。

(5)支付雇员工资 60000 元，王明个人生活费 10000 元。

(6)其他一些费用共计 12000 元。

试问：王明一年来的经营成果如何？并评述其辞职搞个体经营是否更有利可图，并进行合理解释。

2. 你的一个朋友是开杂货店的，得知你正在学会计，就向你寻求帮助。他想了解他的企业在年末的经营状况如何，当年的经营业绩如何。他将以下有关企业的信息提供给你，如下表。所提供的全部数据，或是以 12 月 31 日为终止日期的当年数据，或是业务发生当日的数据。

单位：元

有关会计事项	金　额
支付给雇工的工资	3744
年末货车价值	4800
销售成本	70440
他本人自付的工资	15600
销售收入	110820
年末商店和土地的价值	60000
钱柜里和银行中的现金	2100
杂项费用（包括电费、电话费等）	10500
年末欠供应商的款项	2400

你还获知当年该地区的地产已经升值。但是，由于房屋经过一般修缮后又被破坏了，所以总的来说它的价值仍然维持在一年前的相同水平上。另一方面，货车一年前的价值6000元，但是，现在经过一年的折旧，价值比以前减少了。

（1）请评价该杂货商一年来的业绩。

（2）请叙述该杂货商年末的财务状况。

（3）如果不考虑折旧费与税金，该杂货商一年的净收益应是多少？

第2章参考答案

一、填空题

1. 单式记账法　复式记账法　2. 收付记账法　增减记账法　借贷记账法　3. 有借必有贷，借贷必相等　4. 发生额试算平衡　余额试算平衡　5. 会计科目　6. 简单会计分录　复合会计分录　7. 总分类账户　明细分类账户　8. 所有者权益　债权人权益(负债)　9. 权益　10. 会计依据相同　会计期间相同　方向一致　金额相等

二、判断改错题

1. ×　2. ×　3. ×　4. √　5. ×　6. √　7. √　8. √　9. ×　10. √

三、单项选择题

1. B　2. D　3. B　4. A　5. B　6. B　7. B　8. B　9. C　10. C　11. C　12. C　13. C　14. B　15. C　16. B　17. C　18. D　19. D　20. C

四、多项选择题

1. BC　2. ABC　3. AC　4. ABD　5. ABC　6. BC　7. AD　8. CD　9. ABCDE　10. DE

五、计算分析题

1. (1)和(7)属于一项资产增加,另一项资产减少。

(2)和(8)属于一项资产减少,一项负债减少。

(3)和(6)属于一项资产增加,一项负债增加。

(4)和(5)属于一项资产增加,一项所有者权益增加。

(9)属于一项所有者权益增加,另一项所有者权益减少。

(10)属于一项负债减少,一项所有者权益增加。

2.

单位:元

账户名称	期初余额		本期发生额		期末余额	
	借　方	贷　方	借　方	贷　方	借　方	贷　方
长期股权投资	800000		440000	20000	(1220000)	
银行存款	120000		(220000)	160000	180000	
应付账款		160000	140000	120000		(140000)
短期借款		90000	(50000)	20000		60000
应收账款	(80000)		60000	100000	40000	
实收资本		700000	0	(540000)		1240000
其他应付款		50000	50000	0		(0)

六、业务题

1.

(1)借:库存现金　　400

　　贷:银行存款　　400

(2)借:原材料　　3500

　　贷:银行存款　　3500

(3)借:银行存款　　20000

　　贷:实收资本　　20000

(4)借:其他应收款——王民　　350

　　贷:库存现金　　350

(5)借:原材料——甲材料　30000
　　　　——乙材料　2600
　贷:应付账款　30000
　　银行存款　2600
(6)借:银行存款　15000
　　短期借款　10000
　贷:应收账款　25000
(7)借:其他应收款——王民　100
　　原材料——丙材料　300
　贷:库存现金　400
(8)借:银行存款　15000
　　应付账款　30000
　贷:实收资本　45000

2. 会计分录

(1)借:生产成本　3800
　贷:原材料——圆钢　2000
　　　　——钢板　1800
(2)借:应付账款——梅山厂　3000
　　　　——江城厂　540
　贷:银行存款　3540
(3)借:原材料——圆钢　1000
　　　　——钢板　1200
　贷:应付账款——梅山厂　2200
(4)借:应付账款——新丰厂　600
　贷:银行存款　600
(5)借:原材料——方钢　450
　贷:应付账款——江城厂　450
(6)借:生产成本　2430
　贷:原材料——方钢　630

——圆钢　　1800

(7)借:原材料——钢板　　1200

贷:银行存款　　1200

(8)借:应付账款——梅山厂　　2200

贷:银行存款　　2200

(9)借:生产成本　　2700

贷:原材料——钢板　　1800

——圆钢　　900

(10)借:原材料——钢板　　600

——圆钢　　1700

贷:应付账款——梅山厂　　2300

相关账户余额:

(本期发生额答案略)

“原材料”总账余额:5160 元,其中:方钢 360 元,圆钢 3000 元,钢板 1800 元。

“应付账款”总账余额:2750 元,其中:新丰厂 0 元,梅山厂 2300 元,江城厂 450 元。

3.

(1)借:库存现金　　500

贷:银行存款　　500

(2)借:原材料　　5500

贷:银行存款　　5500

(3)借:应付账款　　3000

贷:银行存款　　3000

(4)借:固定资产　　25000

贷:实收资本　　25000

(5)借:银行存款　　4400

贷:应收账款　　4400

(6)借:银行存款　　500

贷:库存现金 500

(7)借:生产成本 14500

贷:原材料 14500

(8)借:银行存款 70000

贷:短期借款 70000

试算平衡表中“本期发生额”合计:123400;“期末余额”合计:482570。(各账户余额略)(注:为减少篇幅,本题分录答案、总分类账均用简化格式)

七、案例分析题

1. 总体来说有利可图。

   分析思路:

   首先要对该娱乐中心的收入费用进行确认和计量,计算其年度利润;

   其次将娱乐中心的利润及其个人收入与其辞职前的收入进行比较。

2. (1)该杂货商当年的净收益为 9336 元。

   (2)资产 66900 元

   负债 2400 元

   所有者权益 64500 元

   (3)10536 元

第3章　流动资产

一、填空题

1. 流动资产是指可以在＿＿＿＿＿＿＿＿＿＿或者＿＿＿＿＿＿＿＿＿＿变现或耗用的资产。

2. 货币资金按其存放地点和用途的不同，可分为＿＿＿＿＿＿＿＿、＿＿＿＿＿＿＿＿＿＿和＿＿＿＿＿＿＿＿＿＿等。

3. 其他货币资金主要包括＿＿＿＿＿＿、＿＿＿＿＿＿、＿＿＿＿＿＿、＿＿＿＿＿＿和＿＿＿＿＿＿等。

4. 企业已向客户转让商品而有权收取对价的权利，应通过＿＿＿＿＿＿＿＿科目核算。仅取决于时间流逝因素的权利应通过＿＿＿＿＿＿＿＿科目核算。

5. 商业汇票贴现，实质上是＿＿＿＿＿＿＿＿＿＿的一种信贷形式，贴现实得额＝＿＿＿＿＿＿－＿＿＿＿＿＿。

6. 建立坏账准备金是＿＿＿＿＿＿＿＿＿会计原则的本质要求。

7. 预付货款情况不多的企业，也可以将预付的货款直接记入＿＿＿＿＿＿＿＿＿的借方。

8. 交易性金融资产取得时的入账价值为＿＿＿＿＿＿＿＿＿。

9. 期末存货的计价方法是＿＿＿＿＿＿＿＿＿＿＿＿＿＿。

10. 存货准则规定，企业应当采用＿＿＿＿＿＿、＿＿＿＿＿＿、＿＿＿＿＿＿确定发出存货的实际成本。

二、判断改错题

1.（　　）我国会计上所说的现金是指库存的人民币。

2.（　　）如果企业日记账与银行对账单存在差额，是由于存在未达账项造成的，企业应该编制银行存款余额调节表，并据此进行相应的账务处理。

3.（　　）商业汇票的到期值就是它的面值。

4.（　　）“其他应收款”科目核算企业除应收票据、应收账款、预付账款以外的其他各种应收暂收款项。

5.（　　）企业期末应提取的坏账准备大于其账面余额时，应按其差额冲回坏账准备；应提取的坏账准备小于账面余额时，应按其差额补提坏账准备。

6.（　　）“坏账准备”账户贷方余额应列为利润表上的费用项目。

7.（　　）企业的银行本票存款应在银行存款账户核算。

8.（　　）存货的计价方法，企业可自行选用，也可随意变更。

9.（　　）存货的计价方法对企业损益的计算没有直接影响。

10.（　　）期末存货少计，会使当期的营业利润少计。

11.（　　）企业将应收商业汇票向银行贴现后，应将应收票据贷记“应收票据”账户。

12.（　　）对于应收账款的预期信用损失，企业可参照历史信用损失实际，编制应收账款逾期天数与固定准备率对照表，以此为基础计算。

13.(　　)企业本期应提取的坏账准备和存货跌价准备，均应借记“资产减值损失”账户。

14.(　　)交易性金融资产的入账价值就是所购股票、债券的面值。

15.(　　)在购入股票进行短期持有的过程中，对方单位本期宣告发放但应于下期初支付的股利，应该予以确认，计入本期“投资收益”账户。

三、单项选择题

1. 在资产中，流动性最强的是(　　)。

A. 无形资产　　B. 长期待摊费用
C. 存货　　D. 现金

2. 企业应定期与开户银行核对账目，并编制(　　)。

A. 银行存款盘点表　　B. 银行对账单
C. 银行存款余额调节表　　D. 银行存款日记账

3. 按现金管理的有关规定，使用现金结算的起点金额为(　　)。

A. 100 元　　B. 500 元
C. 1000 元　　D. 1500 元

4. 面值 1000 元，6 个月到期，利率 8%的票据，持有 2 个月后向银行贴现，贴现率为 6%，则贴现息为(　　)。

A. 40 元　　B. 30 元
C. 20.80 元　　D. 19.20 元

5. 按企业会计准则的规定，应收及预付账款应当按(　　)记账。

A. 实际发生额　　B. 净值

C. 计划金额　　D. 债权金额

6. 交易性金融资产是指能够近期内出售并且以赚取(　　)为目的的投资。

A. 年终红利　　B. 利润

C. 年利　　D. 差价

7. 应收票据是指企业在采用(　　)结算方式下,因销售产品等而收到的汇票。

A. 商业汇票　　B. 银行汇票

C. 银行本票　　D. 支票

8. 企业将未到期的应收票据予以贴现,其贴现利息应记入(　　)账户。

A. 管理费用　　B. 销售费用

C. 财务费用　　D. 制造费用

9. "应收票据"账户应按(　　)进行核算。

A. 票面价值　　B. 到期价值

C. 到期价值减贴现息　　D. 到期价值加贴现息

10. 存货归属划分的标准是(　　)。

A. 交货地点　　B. 存放地点

C. 交货时间　　D. 所有权

11. 企业购进材料,在运输途中支付的各种运输费用应(　　)。

A. 计入产品销售成本　　B. 作为费用处理

C. 计入材料成本　　D. 计入产品生产成本

12. 企业购买存货所取得的现金折扣,应计入(　　)。

A. 购货成本　　B. 投资收益

C. 营业外收入　　D. 财务费用

13. 企业会计准则规定:"各种存货应当按取得时的(　　)记账。"

A. 计划成本　　B. 实际成本

C. 标准成本　　　　　　　　D. 购货价格

四、多项选择题

1. 按规定企业可以用现金支付的款项有(　　)。

A. 职工报销医药费 3000 元

B. 向其他单位购买原材料款 500 元

C. 职工工资 10000 元

D. 付给某乡镇居民个人劳务报酬 2000 元

2. 现金收入的主要途径有(　　)。

A. 从银行提取现金

B. 收取结算起点以下的零星销售款

C. 职工交回差旅费剩余款

D. 企业已付款入账,银行存款利息收入

3. 企业发生的未达账项通常有(　　)。

A. 银行已收款入账,企业尚未收款入账

B. 企业已收款,但尚未记账

C. 银行已付款入账,企业尚未付款入账

D. 企业已付款入账,银行尚未付款入账

4. 在(　　)情况下,企业的银行存款日记账余额会大于银行对账单余额。

A. 企业已将销货后收到的支票送存银行,银行尚未入账

B. 银行代扣借款利息,企业尚未接到通知

C. 银行误将本企业的存款记入其他公司的存款户

D. 银行收到委托收款结算方式下的结算款项,企业尚未收到通知

5. 下列各项中,(　　)属于其他货币资金的内容。

A. 备用金　　　　　　　　B. 外埠存款

C. 银行汇票存款　　　　　D. 结算应收款

6. 下列项目中,不应计入交易性金融资产取得成本的是(　　)。

A. 支付的交易费用

B. 支付的不含应收股利的购买价款

C. 支付的已到付息期但尚未领取的利息

D. 购买价款中已宣告但尚未领取的现金股利

7. 坏账损失备抵法的优点有(　　)。

A. 核算简单明了　　B. 正确反映应收账款的净值

C. 避免坏账损失　　D. 收入与费用配比

8. 需计提信用减值损失的项目包括(　　)。

A. 应收账款　　B. 其他应收款

C. 预付账款　　D. 合同资产

9. 下列(　　)构成外购存货的初始成本。

A. 购入存货的运输费

B. 购入存货的进项税额

C. 销售货物的运输费

D. 购入存货的进口关税

10. 下列各项中,应在“坏账准备”账户贷方反映的有(　　)。

A. 提取的坏账准备

B. 收回前期已确认为坏账并转销的应收账款

C. 发生的坏账损失

D. 冲销的坏账准备

11. 应收票据包括(　　)。

A. 银行本票　　B. 商业承兑汇票

C. 银行承兑汇票　　D. 委托收款凭证

E. 支票

12. 预付货款属于企业的(　　)。

A. 短期性债权　　B. 短期性债务

C. 流动资产　　D. 长期待摊费用

E. 无形资产

13. 下列各项中,应在“其他应收款”科目核算的有(　　)。

A. 应收保险公司的各项赔款

B. 应收的各种罚款

C. 租入包装物支付的押金

D. 应向职工收取的暂付款项

14. 坏账损失直接冲销的缺点有(　　)。

A. 收入与费用的正确配比

B. 收入与费用的不正确配比

C. 虚计资产负债表上的应收账款可实现净值

D. 直接冲减“应收账款”账户

E. 低估资产负债表上应收账款可实现净值

15. 下列资产中属于存货的有(　　)。

A. 工程物资　　B. 产成品

C. 在产品　　D. 低值易耗品

16. 下列项目中,应计入企业存货成本的有(　　)。

A. 进口原材料支付的关税

B. 生产过程中发生的制造费用

C. 原材料入库前的挑选整理费用

D. 自然灾害造成的原材料净损失

17. 按假定的存货收发次序计算存货成本的方法有(　　)。

A. 先进先出法　　B. 后进先出法

C. 加权平均法　　D. 分批确认法

18. 我国《存货》准则规定,发出存货的计价可采用(　　)。

A. 先进先出法　　B. 后进先出法

C. 先进后出法　　D. 移动加权平均法

19. 企业期末编制资产负债表时,下列各项应包括在“存货”项目的是(　　)。

A. 委托加工物资

B. 在途物资

C. 为在建工程购入的工程物资

D. 生产过程中的在产品

20. 在计算期末存货可变现净值时,应从估计售价中扣除的项目有(　　)。

A. 存货的账面成本

B. 估计的销售费用

C. 估计的销售过程中发生的相关税金

D. 估计的出售前进一步加工的加工费用

五、计算分析题

1. 长江公司 4 月 30 日银行存款日记账账面余额 63500 元,而银行对账单余额为 65600 元,经逐笔核对,发现有下列情况:

(1) 公司于 4 月 29 日送存转账支票 1700 元,银行尚未入企业账户。

(2) 公司 4 月 30 日开出支票一张付购书款 1120 元,持票人尚未送到银行办理转账。

(3) 公司由银行托收到中南公司货款 2800 元,收款通知尚未收到。

(4) 银行已代付电费 120 元,付款通知尚未送到。

要求:根据资料编制银行存款余额调节表。

表 3-1　　银行存款余额调节表　　单位:元

项　　目	金　额	项　　目	金　额
银行存款日记账账面余额:		银行对账单余额:	
加:		加:	
减:		减:	
调整后的余额		调整后的余额	

2. 一张票面为 20000 元,利率 7%,90 天到期的带息应收票据,企业已持有 30 天,现按 9%的贴现率进行贴现。要求如下:

(1)计算该企业可实现的贴现款。

(2)编制贴现的会计分录。

3. ABC公司2019年首次按照预期信用损失计量方法计提坏账准备。公司的违约天数与违约损失率估计对照表如下表所示：

	未预期	逾期不足6月	逾期6～12月	逾期12～24月	逾期24～36月	逾期超过36月
违约损失率	1%	5%	10%	30%	50%	100%

公司2019年年初的坏账准备余额为20万元;2019年发生坏账损失6万元;2019年年末公司应收账款余额1000万元,其中,未预期的900万元,逾期不足6个月的40万元,逾期6～12月的30万元,逾期12～24月的15万元,逾期24～36月的10万元,逾期超过36月的5万元。

要求:(1)计算2019年应确认的损失准备总额;

(2)计提2019年应提取的信用减值损失;

(3)编制2019年发生坏账损失和提取坏账准备的会计分录。

4. 某企业仓库 6 月份发生材料收发业务如下：

(1)6 月初结存甲材料 500 千克，单价 1.10 元。

(2)2 日，购入材料 400 千克，单价 1.15 元。

(3)5 日，领用 700 千克。

(4)7 日，购入 400 千克，单价 1.25 元。

(5)13 日，购入 200 千克，单价 0.95 元。

(6)16 日，领用 600 千克。

(7)19 日，购入 300 千克，单价 1.20 元。

(8)23 日，购入 600 千克，单价 1.10 元。

(9)25 日，领用 400 千克。

(10)27 日，领用 200 千克。

(11)30 日，购入 100 千克，单价 1.05 元。

要求：

分别采用全月一次加权平均法、移动加权平均法、先进先出法计算仓库发出的甲材料的成本及月末结存材料成本。(见表 3-2 至表 3-5，计算结果保留两位小数)

表 3-2　　全月一次加权平均法

材料名称：甲　　数量单位：千克　金额单位：元

××年		凭证编号	摘　要	收　入			发　出			结　存		
月	日			数量	单价	金额	数量	单价	金额	数量	单价	金额
6	1	××	月初余额									
	2	××	购入									
	5		领用									
	7		购入									
	13		购入									
	16		领用									
	19		购入									

续　表

××年		凭证编号	摘　要	收　入			发　出			结　存		
月	日			数量	单价	金额	数量	单价	金额	数量	单价	金额
	23		购入									
	25		领用									
	27		领用									
	30		购入									
			合计									

综合平均单价＝

本期发出存货成本＝

期末存货成本＝

表 3-3　　移动加权平均法

材料名称:甲　　数量单位:千克　金额单位:元

××年		凭证编号	摘　要	收　入			发　出			结　存		
月	日			数量	单价	金额	数量	单价	金额	数量	单价	金额
6	1	××	月初余额									
	2	××	购入									
	5		领用									
	7		购入									
	13		购入									
	16		领用									
	19		购入									
	23		购入									
	25		领用									
	27		领用									
	30		购入									
			合计									

2 日加权平均单价＝

7 日加权平均单价＝

13 日加权平均单价＝

19 日加权平均单价＝

23 日加权平均单价＝

30 日加权平均单价＝

本期发出存货成本＝

期末存货成本＝

表 3-4　　　　先进先出法

材料名称：甲　　　　数量单位：千克　金额单位：元

××年		凭证编号	摘　要	收　入			发　出			结　存		
月	日			数量	单价	金额	数量	单价	金额	数量	单价	金额
6	1	××	月初余额									
	2	××	购入									
	5		领用									
	7		购入									
	13		购入									
	16		领用									
	19		购入									
	23		购入									
	25		领用									
	27		领用									
	30		购入									
			合计									

本期发出存货成本＝

期末存货成本＝

六、业务题

1. 长江公司于20×7年5月31日购入M公司发行的普通股20000股，作为交易性金融资产。每股面值1元，市价15元，另付相关费用2000元。M公司已于同年4月30日宣告分配股利，每10股分配现金股利13元，6月20日支付股利。

要求：(1)长江公司购入M公司股票时应作的会计分录。

(2)6月20日，取得股利时应作的会计分录。

(3)假定20×7年6月30日资产负债表日，该股票市价为16.7元，请调整交易性金融资产的账面价值。

(4)假定20×7年7月31日资产负债表日，该股票的市场价格为15.7元，请作相应的会计分录。

(5)假定20×7年8月26日出售该股票，价格为每股19元，另需付各种费用3500元，作相应的会计分录。

2. 某股份有限公司20×7年有关交易性金融资产的资料如下：

(1)3月1日以银行存款购入A公司股票50000股，并准备随时变现，每股买价16元，同时支付相关税费4000元。

(2)4 月 20 日 A 公司宣告发放的现金股利每股 0.4 元。

(3)4 月 21 日又购入 A 公司股票 50000 股，并准备随时变现，每股买价 18.4 元(其中包含已宣告发放尚未支取的股利每股 0.4 元)，同时支付相关税费 6000 元。

(4)4 月 25 日收到 A 公司发放的现金股利 40000 元。

(5)6 月 30 日 A 公司股票市价为每股 16.4 元。

(6)7 月 18 日该公司以每股 17.5 元的价格转让 A 公司股票 60000 股，扣除相关税费 10000 元，实得金额为 1040000 元。

(7)12 月 31 日 A 公司股票市价为每股 18 元。

要求：根据上述经济业务编制有关会计分录。

3. 大华公司 20×4 年期末存货开始采用成本与可变现净值孰低法计价。20×4 年 9 月 26 日大华公司与 M 公司签订销售合同：由大华公司于 20×5 年 3 月 6 日向 M 公司销售笔记本电脑 10000 台，每台 1.5 万元。20×4 年 12 月 31 日大华公司库存笔记本电脑 14000 台，单位成本1.41万元。20×4 年 12 月 31 日市场销售价格为每台 1.3 万元，预计销售税费均为每台 0.05 万元。大华公司于 20×5 年 3 月 6 日向 M 公司销售笔记本电脑 10000 台，每台 1.5 万元。

大华公司于20×5年4月6日销售笔记本电脑100台，市场销售价格为每台1.2万元。货款均已收到并存入银行。大华公司适用的增值税税率为13%。要求：

（1）编制计提存货跌价准备的会计分录，并列示计算过程。

（2）编制有关销售业务的会计分录。

第3章参考答案

一、填空题

1. 一年　超过一年的一个营业周期内　2. 库存现金　银行存款　其他货币资金　3. 外埠存款　银行汇票存款　银行本票存款　信用证存款　在途货币资金　4. 合同资产　应收账款　5. 融通资金　票据到期值　贴现息　6. 谨慎性　7. 应付账款　8. 公允价值　9. 成本与可变现净值孰低法　10. 先进先出法、加权平均法、分别计价法

二、判断改错题

1. ×　2. ×　3. ×　4. ×　5. ×　6. ×　7. ×　8. ×　9. ×　10. √　11. ×　12. √　13. ×　14. ×　15. ×

三、单项选择题

1. D　2. C　3. C　4. C　5. A　6. D　7. A　8. C　9. A　10. D　11. C　12. D　13. B

四、多项选择题

1. ABCD　2. ABC　3. ACD　4. ABC　5. BC　6. ACD　7. BD　8. ABD　9. AD　10. AB　11. BC　12. AC　13. ABCD　14. BC　15. BCD　16. ABC　17. AB　18. AD　19. ABD　20. BCD

五、计算分析题

1. **银行存款余额调节表** 单位:元

项　　目	金　额	项　　目	金　额
银行存款日记账账面余额:	63500	银行对账单余额:	65600
加:委托银行收款	2800	加:公司送存支票	1700
减:银行代付电费	120	减:公司开出支票	1120
调整后的余额	66180	调整后的余额	66180

2. (1)票据到期值＝20000×7％×90/360＋20000＝20350(元)

贴现息＝20350×9％×60/360＝305.25(元)

贴现净额＝20350－305.25＝20044.75(元)

(2)借:银行存款　　20044.75

　贷:应收票据　　20000.00

　　财务费用　　44.75

3. (1)2019 年应确认的损失准备总额计算如下:

	账面余额(万元)	预期违约损失率	应确认的损失准备(万元)
未预期	900	1％	9
逾期不足 6 月	40	5％	2
逾期 6～12 月	30	10％	3
逾期 12～24 月	15	30％	4.5
逾期 24～36 月	10	50％	5
逾期超过 36 月	5	100％	5
合计	1000		28.5

(2)2019 年应提取的信用减值损失＝28.5－(20－6)＝14.5(万元)

(3)发生坏账损失时:

借:坏账准备　　60 000

　贷:应收账款　　60 000

提取信用减值损失时:

借：信用减值损失　　145 000

　贷：坏账准备　　145 000

4. (1)全月一次加权平均法

材料名称：甲　　数量单位：千克　金额单位：元

××年		凭证编号	摘　要	收　入			发　出			结　存		
月	日			数量	单价	金额	数量	单价	金额	数量	单价	金额
6	1	××	月初余额							500	1.10	550
	2	××	购入	400	1.15	460				900		
	5		领用				700			200		
	7		购入	400	1.25	500				600		
	13		购入	200	0.95	190				800		
	16		领用				600			200		
	19		购入	300	1.20	360				500		
	23		购入	600	1.10	660				1100		
	25		领用				400			700		
	27		领用				200			500		
	30		购入	100	1.05	105				600		
			合计	2000		2275	1900	1.13	2147	600	1.13	678

综合平均单价＝(550＋2275)÷(500＋2000)＝1.13(元)

本期发出存货成本＝1900×1.13＝2147(元)

期末存货成本＝600×1.13＝678(元)

(2)移动加权平均法

材料名称：甲　　数量单位：千克　金额单位：元

××年		凭证编号	摘　要	收　入			发　出			结　存		
月	日			数量	单价	金额	数量	单价	金额	数量	单价	金额
6	1	××	月初余额							500	1.10	550
	2	××	购入	400	1.15	460				900	1.12	1010
	5		领用				700	1.12	786	200	1.12	224
	7		购入	400	1.25	500				600	1.21	724

续 表

××年		凭证编号	摘 要	收 入			发 出			结 存		
月	日			数量	单价	金额	数量	单价	金额	数量	单价	金额
	13		购入	200	0.95	190				800	1.14	914
	16		领用				600	1.14	686	200	1.14	228
	19		购入	300	1.20	360				500	1.18	588
	23		购入	600	1.10	660				1100	1.13	1248
	25		领用				400	1.13	457	700	1.13	791
	27		领用				200	1.13	226	500	1.13	565
	30		购入	100	1.05	105				600	1.12	670
			合计	2000		2275	1900		2155	600	1.12	670

2 日加权平均单价＝(550＋460)÷(500＋400)＝1.12(元)

7 日加权平均单价＝(224＋500)÷(200＋400)＝1.21(元)

13 日加权平均单价＝(724＋190)÷(600＋200)＝1.14(元)

19 日加权平均单价＝(228＋360)÷(200＋300)＝1.18(元)

23 日加权平均单价＝(588＋660)÷(500＋600)＝1.13(元)

30 日加权平均单价＝(565＋105)÷(500＋100)＝1.12(元)

期末存货成本＝565＋105＝670(元)

本期发出存货成本＝786＋686＋457＋226＝2155(元) 或 550＋2275－670＝2155(元)

(3)先进先出法

材料名称:甲　　　　数量单位:千克　金额单位:元

××年		凭证编号	摘 要	收 入			发 出			结 存		
月	日			数量	单价	金额	数量	单价	金额	数量	单价	金额
6	1	××	月初余额							500	1.10	550
	2	××	购入	400	1.15	460				500 400	1.10 1.15	550 460

续　表

××年		凭证编号	摘　要	收　入			发　出			结　存		
月	日			数量	单价	金额	数量	单价	金额	数量	单价	金额
	5		领用				500 200	1.10 1.15	550 230	200	1.15	230
	7		购入	400	1.25	500				200 400	1.15 1.25	230 500
	13		购入	200	0.95	190				200 400 200	1.15 1.25 0.95	230 500 190
	16		领用				200 400	1.15 1.25	230 500	200	0.95	190
	19		购入	300	1.20	360				200 300	0.95 1.20	190 360
	23		购入	600	1.10	660				200 300 600	0.95 1.20 1.10	190 360 660
	25		领用				200 200	0.95 1.20	190 240	100 600	1.20 1.10	120 660
	27		领用				100 100	1.20 1.10	120 110	500	1.10	550
	30		购入	100	1.05	105				500 100	1.10 1.05	550 105
			合计	2000		2275	1900		2170	500 100	1.10 1.05	550 105

本期发出存货成本＝550＋230＋230＋500＋190＋240＋120＋110＝2170(元)

期末存货成本＝550＋105＝655(元)

六、业务题

1. (1)借:交易性金融资产——成本　　274000

　　　应收股利　　26000

投资收益　　2000

贷:银行存款　　302000

(2)6 月 20 日,取得股利时:

借:银行存款　　26000

贷:应收股利　　26000

(3)20×7 年 6 月 30 日:

借:交易性金融资产——公允价值变动　　60000

贷:公允价值变动损益　　60000

(4)20×7 年 7 月 31 日:

借:公允价值变动损益　　20000

贷:交易性金融资产——公允价值变动　　20000

(5)20×7 年 8 月 26 日出售该股票:

借:银行存款　　376500

贷:交易性金融资产——成本　　274000

交易性金融资产——公允价值变动　　40000

投资收益　　62500

2. (1)借:交易性金融资产——A 公司股票(成本)　800000

投资收益　　4000

贷:银行存款　　804000

(2)借:应收股利　　20000

贷:投资收益　　20000

(3)借:交易性金融资产——A 公司股票(成本)　900000

应收股利　　20000

投资收益　　6000

贷:银行存款　　926000

(4)借:银行存款　　40000

贷:应收股利　　40000

(5)公允价值变动损益=(800000+900000)-16.4×100000

=60000(元)

借:公允价值变动损益 60000

贷:交易性金融资产——A 公司股票(公允价值变动)

60000

(6)借:银行存款 1040000

交易性金融资产——A 公司股票(公允价值变动)

36000

贷:交易性金融资产——A 公司股票(成本) 1020000

投资收益 56000

(7)公允价值变动损益=18×40000-[(800000+900000-1020000)-(60000-36000)]=64000(元)

借:交易性金融资产——A 公司股票(公允价值变动)

64000

贷:公允价值变动损益 64000

3. 由于大华公司持有的笔记本电脑数量 14000 台多于已经签订销售合同的数量 10000 台。因此,销售合同约定数量 10000 台,应以销售合同约定的销售价格作为计量基础,超过的部分 4000 台可变净值应以一般销售价格作为计量基础。

(1)有合同部分:

①可变现净值=10000×1.5-10000×0.05=14500(万元)

②账面成本=10000×1.41=14100(万元)

③计提存货跌价准备金额=0

(2)20×5 年 3 月 6 日向 M 公司销售笔记本电脑 10000 台

借:银行存款 175500000

贷:主营业务收入 150000000

应交税费——应交增值税(销项税额) 25500000

借:主营业务成本 141000000

贷:库存商品 141000000

第4章　非流动资产

一、填空题

1. 企业的长期股权投资在持有期间，根据投资企业对被投资企业的影响程度后续计量通常可以分为：________和________两种。

2. 长期股权投资对被投资企业产生的影响一般分为三种：________，________，________。

3. 固定资产在使用过程中，其实物形态________。

4. 每项固定资产的价值都应按其原始价值和________同时进行反映。固定资产的原始价值一般情况下按________确定。

5. 固定资产净值等于________。

6. 固定资产折旧的原因有________和________。

7. 计算固定资产折旧依据的因素主要有三个，即________、________、________。

8. 加速折旧法主要有________和________两种。

9. “累计折旧”是________的调整账户。

10. 固定资产折旧率是指一定时期内________与________之比。

二、判断改错题

1.（　　）当投资企业对被投资企业没有实质控制权，但有重大影响时，其长期股权投资应采用权益法处理。

2.（　　）在成本法下，长期股权投资的账面价值随着被投资企业所有者权益的变动而变动。

3.（　　）在出售投资时，“债权投资”账面价值与实际取得收入的差额，应计入本期投资收益账户。

4.（　　）购入用于投资的债券，其实际支付的全部价款中包含的已实现但尚未到期的债券利息应计入“应收利息”账户。

5.（　　）无论是股票投资还是债券投资，其投资收益与持有时间长短都没有关系。

6.（　　）赊购新设备，借记“固定资产”账户，贷记“应付账款”账户。

7.（　　）固定资产使用费，包括折旧费和修理费。

8.（　　）全新固定资产应按其实际成本计价记入“固定资产”账户，而接受捐赠取得的固定资产由于未发生任何成本，所以不能记入“固定资产”账户，只需在备查账中记录。

9.（　　）少计折旧导致高估资产，高估收益。

10.（　　）折旧费是一种固定费用。

11.（　　）如果固定资产在其服务期内各年提供的服务大致相同，则宜采用直线法计提折旧。

12.（　　）“固定资产”账户反映固定资产的净值。

13.（　　）企业出租的固定资产，因为未被本企业使用，所以本企业不该提折旧。

14.（　　）接受捐赠的固定资产使所有者权益增加，故应计入盈余公积。

15.（　　）工作量法实际上是直线法，所以每期计提的折旧额是相等的。

三、单项选择题

1. 一般情况下，在投资企业拥有被投资企业的所有外发普通股股票的 20% 以上 50% 以下时，其长期股权投资核算适用于（　　）。

A. 市价法　　B. 权益法

C. 成本法　　D. 成本与市价孰低法

2. 企业购入 M 公司发行的可转换债券，准备持有到期，该项目应计入（　　）。

A. 债权投资　　B. 长期股权投资

C. 长期混合型证券投资　　D. 长期合同投资

3. 累计折旧实质上是（　　）。

A. 费用　　B. 负债

C. 资产的减项　　D. 成本

4. 机器的安装调试费列为（　　）。

A. 制造费用　　B. 管理费用

C. 机器成本　　D. 开办费

5. 多计折旧将使报表中（　　）。

A. 资产的净值偏低

B. 资产的净值虚增

C. 负债增加

D. 对资产及负债均不产生影响

6. 可以达到加速折旧的方法是(　　)。

A. 直线法　　　　B. 工作量法

C. 行驶里程法　　　　D. 年数总和法

7. 某公司购入全新机器一台,定价为 58500 元。另付运费 8000 元,保险费 1000 元。运输途中因违规被罚支出 1000 元,同时因不慎破损,修理该机器支付修理费 2000 元。运抵公司后试车费支付 500 元。则该机器原价为(　　)。

A. 58500 元　　　　B. 68000 元

C. 71000 元　　　　D. 70000 元

8. 一项设备原值 90000 元,预计净残值 1500 元,预计使用年限为 5 年,采用双倍余额递减法计提折旧,则第一年的折旧额为(　　)。

A. 17700 元　　　　B. 34500 元

C. 36000 元　　　　D. 18000 元

9. 下列能计入固定资产价值的税金是(　　)。

A. 房产税　　　　B. 车船税

C. 进口关税　　　　D. 城市维护建设税

10. 增值税一般纳税人企业购入不需安装的新设备一台,价款 300000 元,增值税 51000 元,运杂费 2000 元,以转账支票支付。该设备入账的价值是(　　)。

A. 353000 元　　　　B. 351000 元

C. 302000 元　　　　D. 53000 元

四、多项选择题

1. 下列与长期股权投资类科目有对应关系的科目有(　　)。

A. 应收股利　　B. 长期股权投资
C. 投资收益　　D. 持有至到期投资
E. 长期合同投资

2. 长期股权投资取得时的成本不包括(　　)。
A. 买价　　B. 税金
C. 评估费　　D. 手续费　　E. 审计费

3. 固定资产的特点包括(　　)。
A. 供生产经营用,而不是为了销售
B. 实物形态不变
C. 单位价值较高
D. 使用期限较长
E. 其价值部分地、逐渐地丧失或减少

4. 固定资产的损耗包括(　　)。
A. 有形损耗　　B. 无形损耗
C. 功能损耗　　D. 使用价值损耗

5. 报废固定资产清理后的损益应作为(　　)。
A. 营业收入　　B. 营业支出
C. 营业外收入　　D. 营业外支出

6. 下列固定资产本月应计提折旧的有(　　)。
A. 房屋、建筑物　　B. 季节性停用的设备
C. 出租的机器　　D. 经营性租入的设备
E. 本月减少的固定资产

7. 购入的固定资产其入账价值应包括(　　)及安装费等。
A. 买价　　B. 运费
C. 途中保险费　　D. 包装费
E. 关税

8. 计提折旧应考虑的因素有(　　)。
A. 固定资产原值　　B. 估计使用年限
C. 清理费用　　D. 固定资产残值

E. 固定资产现值

五、计算分析题

1. 20×0 年 12 月 10 日，某公司取得成本为 500000 元的机器一台，采用双倍余额递减法计提折旧，估计使用年限为 10 年，无残值。两年后（20×3 年初），决定改用直线法计提折旧，因此使 20×3 年折旧费用降低多少元？

2. 上年末购入一台设备原值 90000 元，预计净残值 1000 元，预计使用 5 年。要求：用双倍余额递减法计算该设备本年各月折旧额（列出计算过程）。

六、业务题

1. 假定长江公司于 20×4 年 1 月 1 日购入 H 公司发行的普通股 100000 股，每股市价 22 元，另付相关费用 5000 元。占该公司外发股份的 25%。H 公司自 20×4 年 1 月 1 日到 20×6 年 12 月 31 日各会计年度中的税后净利润及分配股利的金额见表 4-1。要求：

表 4-1　　　　　　各年税后净利润及分配股利金额　　　　　　单位:元

时间(年)	20×4	20×5	20×6	合　计
税后净利润	1000000	0	300000	1300000
分配股利	500000	200000	0	700000

(1)判断应采用哪种长期股权投资的会计核算方法?

(2)编制长江公司购入 H 公司股权时的会计分录。

(3)编制 20×4 年底调整长期股权投资及损益、收取股利时的会计分录。

(4)编制 20×5 年底调整长期股权投资及损益、收到股利时的会计分录。

(5)编制 20×6 年底调整长期股权投资及损益、收取股利时的会计分录。

(6)计算 20×6 年底企业长期股权投资账户余额。

2. 某公司 20×0 年 12 月 8 日购入一台无需安装的设备,当日以存款付清 30000 元价款,并交付生产车间使用。预计可使用 5 年,预计净残值 1000 元。按年数总和法计提折旧。

要求:编制新增固定资产的会计分录及第三年计提折旧的会计

分录，写出折旧额的计算过程。

3. 某公司有小汽车 2 辆供厂部使用，每辆原值 100000 元，规定在使用期限内行驶 50 万公里，核定的净残值率为 3%，本月行驶 3000 公里。

要求：计算本月应提折旧额并作出会计分录。

4. 某公司外购一台新机器以存款支付买价 117000 元，以现金支付运费 500 元。运抵后交付安装，领用材料 1500 元，应负担职工工资费用 1500 元。安装后交付基本生产车间使用。

要求：作出以上业务的有关会计分录。

5. 购入旧厂房一幢，售出单位账面原价 3000000 元，累计折旧 1500000 元。双方协商作价 3600000 元，款项暂欠。

要求：作出取得该厂房的会计分录。

七、案例分析题

某公司办公大楼20×6年12月10日完工投入使用，成本为6000万元，预计使用50年。后勤部门20×8年6月对房屋外墙进行装修，一次性以银行存款支付工程款3万元（预计2年后需对外墙重新装修）。

工程完工后，对这3万元款项开支的处理，该公司财务部门认为可以任意采用如下三种方案中的一种进行会计处理：一是计入房屋成本；二是通过“长期待摊费用”核算；三是直接计入当期管理费用。

问题：1. 你认为应该如何处理？为什么？

2. 应该如何编制会计分录？

第 4 章参考答案

一、填空题

1. 成本法　权益法　2. 控制　共同控制　重大影响　3. 不变　4. 净值　实际成本　5. 原值减去累计折旧额和固定资产减值准备　6. 有形损耗　无形损耗　7. 固定资产原值　预计使用寿命　预计净残值　8. 双倍余额递减法　年数总和法
9. 固定资产　10. 折旧额　原值

二、判断改错题

1. √　2. ×　3. √　4. √　5. ×　6. √　7. √　8. ×　9. √　10. ×　11. √　12. ×　13. ×　14. ×　15. ×

三、单项选择题

1. B　2. A　3. C　4. C　5. A　6. D　7. B　8. C　9. C　10. C

四、多项选择题

1. AC　2. CE　3. ABCDE　4. AB　5. CD　6. ABCE　7. ABCDE　8. ABCD

五、计算分析题

1. 24000 元。
2. 本年折旧额＝90000×40％＝36000(元)

   月折旧额＝3000(元)

六、业务题

1. (1)权益法

   (2)20×4 年 1 月 1 日：

   借:长期股权投资　　2205000

   　贷:银行存款　　2205000

   (3)20×4 年底：

   借:长期股权投资　　250000

   　贷:投资收益　　250000

   借:银行存款　　125000

   　贷:长期股权投资　　125000

   (4)20×5 年底：

   借:银行存款　　50000

   　贷:长期股权投资　　50000

   (5)20×6 年底：

   借:长期股权投资　　75000

   　贷:投资收益　　75000

   (6)

长期股权投资

借方	贷方
2205000	125000
250000	50000
75000	
2355000	

2. 12 月 8 日

借：固定资产　　30000

　贷：银行存款　　30000

第三年折旧额＝(30000－1000)×3÷15＝5800(元)

借：制造费用　　5800

　贷：累计折旧　　5800

3. 每辆车本月折旧额＝100000×(1－3％)×3000÷500000

＝582(元)

借：管理费用　　1164

　贷：累计折旧　　1164

4. 购入设备：

借：在建工程　　117500

　贷：银行存款　　117000

　　库存现金　　500

进行安装：

借：在建工程　　3000

　贷：原材料　　1500

　　应付职工薪酬　　1500

交付使用：

借：固定资产　　120500

　贷：在建工程　　120500

5. 借：固定资产　　3600000

　贷：应付账款　　3600000

七、案例分析题

该会计业务依据固定资产后续支出的会计制度要求，应该直接计入当期管理费用。

应该编制会计分录为：

借：管理费用　　30000

　贷：银行存款　　30000

第5章 负　　债

一、填空题

1. 负债按偿还期限的长短可分为＿＿＿＿＿＿和＿＿＿＿＿＿。

2. 企业的流动负债按应付金额是否肯定可以分为＿＿＿＿＿＿和＿＿＿＿＿＿。

3. “应交税费”账户的借方发生额表示＿＿＿＿＿＿，贷方余额表示＿＿＿＿＿＿。

4. 应付票据是指企业采用＿＿＿＿＿＿支付方式购买商品、产品时应偿付的票据。

5. 非流动负债主要包括＿＿＿＿＿＿、＿＿＿＿＿＿和＿＿＿＿＿＿等。

6. 短期借款利息属于筹资费用，应记入＿＿＿＿＿＿账户。

7. 消费税是指在我国境内＿＿＿＿＿＿、＿＿＿＿＿＿和＿＿＿＿＿＿应税消费品的单位和个人，按其流转额交纳的一种税。

8. 职工薪酬主要包括＿＿＿＿＿＿、＿＿＿＿＿＿、＿＿＿＿＿＿和其他长期职工福利。

9. 企业应当将离职后福利计划分类为＿＿＿＿＿＿和＿＿＿＿＿＿。

10. 借款费用主要有＿＿＿＿＿＿、＿＿＿＿＿＿两种会计处理方法。

二、判断改错题

1.（　　）从金融机构或一般工商企业借入的流动负债均可记入短期借款账户。

2.（　　）对于带息应付票据，偿付时所支付的利息可以不入账。

3.（　　）长期负债的利息费用可计入当期损益或予以资本化。

4.（　　）企业全部应交税金借方金额一律通过“税金及附加”科目核算。

5.（　　）办理银行承兑汇票时向承兑银行支付的承兑手续费，应作为财务费用处理。

6.（　　）企业在开出的商业承兑票据到期无力支付时，应当将应付票据所涉金额转为应付账款。

7.（　　）纳税人所有进项税额均可从销项税额中抵扣。

8.（　　）企业应付职工薪酬账户贷方余额，反映企业本期确认的全部职工薪酬费用。

9.（　　）企业应当在职工为其提供服务的会计期间，将职工薪酬当即计入当月费用。

10.（　　）企业对于确实无法支付的应付账款，应冲减已计提的坏账准备。

三、单项选择题

1. 下列项目中，属于根据销售额确定金额的流动负债是( )。

A. 应交增值税　　B. 应交房产税

C. 应交所得税　　D. 应交车船税

2. 按现行会计制度规定，短期借款所发生的利息，一般应计入( )。

A. 管理费用　　B. 营业外支出

C. 投资收益　　D. 财务费用

3. 某企业因采购商品开出6个月期限的商业汇票一张。该票据的票面价值为500000元，票面年利率为8%。该应付票据到期时，企业应支付的价款为( )元。

A. 520000　　B. 500000

C. 540000　　D. 530000

4. 企业实行简易的方法计算应纳税额，征收率一般为( )。

A. 6%　　B. 9%

C. 13%　　D. 3%

5. 按我国企业会计准则，停止借款费用资本化的条件为( )。

A. 该资产达到预定可使用或者可销售状态时

B. 该资产正在设计改进状态时

C. 供货企业货款清算完毕时

D. 应付租金支付完毕时

6. 企业购进货物用于非应税项目时，该货物负担的增值税额应当计入( )。

A. 应交税费——应交增值税　　B. 货物的采购成本

C. 营业外支出　　D. 管理费用

7. 某企业从其他企业购入原材料一批，货款为300000元，支付增值税额39000元，对方代垫运杂费6000元。该原材料已经验收入库，但款未付。该购买业务所产生的应付账款的入账价值为(　　)元。

A. 306000　　B. 261000

C. 300000　　D. 345000

8. 银行承兑汇票到期无法偿付时，出票企业应当进行的处理是(　　)。

A. 转作应付账款　　B. 转作短期借款

C. 不进行处理　　D. 转作其他应付款

9. 其他应付款不应包括以下项目(　　)。

A. 与企业购销业务没有直接关系的应付款项

B. 与企业购销业务没有直接关系的暂收款项

C. 与企业购销业务没有直接关系的包装物租金

D. 与企业购销业务没有直接关系的暂付款项

10. 企业已收客户对价而应向客户转让商品的义务应通过(　　)。

A. 预收账款　　B. 合同负债

C. 应收账款　　D. 合同资产

11. 以下账户中，(　　)是在结算过程中产生的流动负债。

A. 短期借款　　B. 应付账款

C. 应交所得税　　D. 应付股利

12. 企业所购的材料已到，但月终发票单据未到，货款也未支付。在这种情况下，应在月末按暂估价借记(　　)账户，下月初用红字冲销，等发票单据到达后再正式入账。

A. 在途物资　　B. 原材料

C. 无形资产　　D. 其他资产

13. 在我国，商业汇票的付款期限最长不得超过(　　)。

A. 1年　　B. 3个月

C. 6个月　　D. 8个月

14. 带息票据的到期金额等于(　　)。

A. 面值　　B. 面值+利息

C. 面值+费用　　D. 财务费用

15. 对于一般纳税企业,当当期销项税额小于当期进项税额时,未抵扣的进项税额(　　)。

A. 不得结转下期继续抵扣　　B. 必须作废

C. 可以出售　　D. 可以结转下期继续抵扣

四、多项选择题

1. 下列属于流动负债的有(　　)。

A. 应付票据　　B. 应付账款

C. 应付债券　　D. 预收账款

2. 下列项目中,属于其他应付款核算范围的有(　　)。

A. 暂收款项

B. 经营租入固定资产的应付租金

C. 应付其他单位款项

D. 出借包装物押金

3. 长期借款所发生的利息费用,可以计入的账户有(　　)。

A. 财务费用　　B. 在建工程

C. 营业外支出　　D. 管理费用

4. 工资核算的主要内容包括(　　)。

A. 提取现金的核算　　B. 代扣款项的核算

C. 发放工资的核算　　D. 工资费用分配的核算

5. 下列税金中,需要通过"税金及附加"科目核算的有(　　)。

A. 增值税　　B. 教育费附加

C. 消费税　　D. 印花税

6. 下列各项税金通过"应交税费"科目核算的有(　　)。

A. 增值税　　B. 资源税

C. 印花税　　D. 消费税

7. 对于发生的应付商业承兑汇票，应借记的账户可以是(　　)。

A. 原材料　　B. 应付账款

C. 银行存款　　D. 库存现金

8. 教育附加是国家为了发展教育事业提高人民的文化素质而征收的一项费用。这项费用按照企业交纳的(　　)税额的一定比例计算并与流转税一起交纳。

A. 增值税　　B. 资源税

C. 城市维护建设税　　D. 消费税

9. 企业取得长期借款直接用于购置规定资产或支付工程项目的支出，应借记(　　)账户。

A. 无形资产　　B. 长期资产

C. 固定资产　　D. 在建工程

10. 根据职工提供服务的受益对象不同，企业确认应付职工薪酬时，应借记(　　)账户。

A. 生产成本　　B. 制造费用

C. 财务费用　　D. 主营业务成本

11. 流动负债按照产生的原因，可以分为以下几类(　　)。

A. 借贷形成的流动负债

B. 结算过程中产生的流动负债

C. 经营过程中产生的流动负债

D. 利润分配中产生的流动负债

12. 增值税是指对我国(　　)的增值额征收的一种流转税。

A. 境内销售货物　　B. 进口货物

C. 提供加工　　D. 修理修配劳务

五、计算分析题

1. 某企业采用简易计税方法计算缴纳增值税，本期购入原材料，增值税专用发票上记载售价 100000 元，增值税 13000 元，企业开出转账支票予以支付,但材料尚未到达。该企业本期销售产品,开出一张普通发票,发票注明售价 103000 元,货款尚未收到。该企业适用的增值税征收率为 3%。

要求:根据上述资料,计算该企业本期应纳的增值税额。

2. 某企业开出一张面值为 1000000 元,期限为 6 个月,票面利率为 8%的带息商业汇票。

要求:根据上述资料,计算该企业在汇票到期无力偿还时,应转入应付账款账户的金额。

六、业务题

1. 某工业企业采用一般计税方法计算缴纳增值税人,20×8 年发生下列经济业务。

要求:据此编制有关的会计分录。

(1)销售商品不含税售价 12 万元,增值税税率 13%,扣除预收款 8 万元后的差额,收到银行承兑汇票。

(2)向银行借入 1000000 元存入银行，月息为 0.7%，期限 6 个月，到期一次还本付息，每月计提利息。

(3)从本地购入一批原材料，根据发票账单，该批材料的买价 500000 元，增值税 65000 元。材料已经验收入库，并开出 3 个月的带息商业承兑汇票，年利率 10%。

(4)经计算本月应付生产工人工资 98000 元，车间管理人员工资 19000 元，厂部管理人员工资 31000 元，在建工程人员的工资 8000 元。

(5)根据上述资料提取现金并发放工资。

2. 某企业 20×7 年发生下列经济业务，要求据此编制 2007 年 1 月 1 日借款，20×7、20×8 年底计算利息时的会计分录。

1 月 1 日向银行借入 400000 元存入银行，准备用于某项工程，期限 5 年，年利率 8%，合同规定到期一次还本付息。该企业每年计算利息费用。该工程将于20×8年底完工。

七、案例分析题

张蔚是某公司的技术骨干，其薪酬略高于公司平均薪酬水平。公司年末公布的2017年平均薪酬为13.45万元，但张蔚汇总全年全部工资、奖金、津贴、补贴后的总收入为11万元。为此，他非常沮丧。请分析公司公布的平均职工薪酬与张蔚个人的薪酬收入产生差异的原因。

第5章参考答案

一、填空题

1. 流动负债　长期负债(非流动负债)　2. 应付金额确定的流动负债　应付金额视经营情况而定的流动负债　3. 实际交纳的税金　应交纳的税金　4. 商业汇票　5. 长期借款　应付债券　长期应付款　6. 财务费用　7. 销售　委托加工　进口　8. 短期薪酬　离职后福利　辞退福利　9. 设定提存计划　设定受益计划
10. 借款费用资本化　借款费用计入当期损益

二、判断改错题

1. √　2. ×　3. √　4. ×　5. √　6. √　7. ×　8. ×
9. ×　10. ×

三、单项选择题

1. A　2. D　3. A　4. D　5. A　6. B　7. D　8. B　9. D
10. B　11. B　12. B　13. C　14. B　15. D

四、多项选择题

1. ABD　2. ABCD　3. AB　4. ABCD　5. BCD　6. ABD
7. AB　8. AD　9. CD　10. AB　11. ABCD　12. ABCD

五、计算分析题

1. $\frac{103000}{1+3\%}\times 3\%=3000$(元)

2. $1000000\times(1+8\%/2)=1040000$(元)

六、业务题

1. (1)借:应收票据　　55600
　　合同负债　　80000
　　贷:主营业务收入　　120000
　　　应交税费——应交增值税(销项税额)　　15600

(2)借入款项时:
　借:银行存款　　1000000
　　贷:短期借款　　1000000
　月末计提利息时:
　借:财务费用　　7000
　　贷:应付利息　　7000

(3)借:原材料　　500000
　　应交税费——应交增值税(进项税额)　　65000
　　贷:应付票据　　565000

(4)借:生产成本　　98000
　　制造费用　　19000
　　管理费用　　31000
　　在建工程　　8000
　　贷:应付职工薪酬　　156000

(5)提现:
　借:库存现金　　156000
　　贷:银行存款　　156000

发工资：

借:应付职工薪酬　　156000

　贷:库存现金　　156000

2. 借入款项时：

借:银行存款　　400000

　贷:长期借款——本金　　400000

20×7 年底计算利息时：

借:在建工程　　32000

　贷:长期借款——利息　　32000

20×8 年底计算利息时：

借:在建工程　　34560

　贷:长期借款——利息　　34560

七、案例分析题

请从职工薪酬的构成、职工薪酬的确认与发放等角度进行分析。

第6章 所有者权益

一、填空题

1. 权益包括__________和__________。

2. 企业收到投入资本,一般通过__________账户进行核算。

3. 所有者权益主要包括__________、__________、__________、__________和__________。

4. 留存收益包括__________和__________。

5. 资本公积是指由__________投入但不能构成实收资本,或从其他来源取得,由__________享有的资金,它属于所有者权益的范畴。

6. 企业接受投资者作价投入的房屋、建筑物等固定资产,应按投资各方确认的价值作为__________入账。

7. 盈余公积是企业按规定从__________中提取的企业积累资金。

8. 利润分配是企业按照国家有关规定和企业章程、投资协议等,对企业当年的__________所进行的分配。

9. 直接计入所有者权益的利得和损失,是指不应计入当期损益、会导致所有者权益发生增减变动的、与__________或者__________无关的利得或者损失。

10. 公司的所有者权益又称为__________。

二、判断改错题

1.（　　）权益表示对企业资产的享有权，即所有者权益。

2.（　　）投资者投入企业的投资款项可分成两大类别：企业的资本金和资本公积。

3.（　　）企业投资人可以用货币、实物、无形资产等出资。

4.（　　）企业收到投资人用实物或土地使用权等方式的出资，实收资本的金额应按其账面价值入账。

5.（　　）资本公积是指由投资者投入但不能构成实收资本，或从其他来源取得，由所有者享有的资金，属于所有者权益范畴。

6.（　　）盈余公积转增资本时，应该按照各投资人在企业转增前所占有的实收资本的比例，将盈余公积转增资本的数额计入各所有者的投资明细账。

7.（　　）资本公积是企业所有者权益的组成部分，与实收资本没有任何区别。

8.（　　）企业接受投资者作价投入的材料，以其账面价值，借记“原材料”账户。

9.（　　）资本溢价是指投资者交付企业的出资额大于该所有者在企业注册资本中所拥有的份额。股本溢价是指股份有限公司溢价发行股票实际收到的款项超过股票面值总额的数额。

10.（　　）企业可供分配的利润指企业当年实现的净利润，可以用于提取盈余公积或者给投资人分配红利。

11.（　　）由于所有者权益和负债都是对企业资产的要求权，因此它们的性质是一样的。

12.（　　）留存收益是属于企业所有而不属于投资者所有。

13.（　　）用盈余公积弥补亏损，不会导致所有者权益总额发生变化。

14.（　　）实收资本、盈余公积、未分配利润又统称为留存收益。

15.（　　）股东股利的支付不受法律的强制性保护，而且股利支出是一种税后支出，不能冲减应纳税所得额。

三、单项选择题

1. 某股份有限公司发行普通股 10000000 股，每股面值 1 元，每股发行价格为 5 元。股票发行完毕，支付手续费 100000 元、税费等 200000 元。则应计入"股本"科目的金额为（　　）元。

A. 50000000　　B. 10000000

C. 49700000　　D. 49900000

2. 企业用盈余公积补亏的会计处理为：借记"盈余公积"科目，贷记（　　）科目。

A. 盈余公积——法定盈余公积

B. 利润分配——盈余公积补亏

C. 利润分配——提取盈余公积

D. 利润分配——未分配利润

3. 下列项目中，不能作为投资人的出资的有（　　）。

A. 机器设备

B. 国债

C. 经营租入的、合同租期为 20 年的厂房

D. 库存商品

4. 某公司收到投资者投入的原材料一批，确认的价值为 1000000 元，投资者提供的购入发票注明的增值税为 170000 元，经税务机关认定公司可以作为进项税额抵扣。则该公司应计入“实收资本”科目的金额为（　　）元。

A. 1170000　　B. 830000

C. 1000000　　D. 0

5. 企业所有者权益账面记录如下：实收资本 10000000 元，资本公积 1000000 元，法定盈余公积 2000000 元，任意盈余公积 500000 元，未分配利润 1000000 元。则该企业留存收益为（　　）元。

A. 1000000　　B. 500000

C. 2000000　　D. 3500000

6. 在下列事项中，会引起留存收益总额发生变化的是（　　）。

A. 盈余公积转增资本　　B. 提取盈余公积

C. 盈余公积弥补亏损　　D. 税后利润弥补亏损

7. 某企业年初未分配利润为 70 万元，本年实现净利润 200 万元，按 10%计提法定盈余公积，宣告发放现金为 100 万元。则该企业年末未分配利润为（　　）万元。

A. 180　　B. 250

C. 150　　D. 170

8. 股份有限公司经批准以发行股票来进行筹资。股票发行完成后计入“股本”科目的金额为（　　）。

A. 实际收到的款项

B. 实际收到的款项减去发行手续费用、有关税费等

C. 股票市价与股份总数的乘积

D. 股票的面值总额

9. 股份有限公司溢价发行股票时，相关的手续费、佣金、税金等费用，应（　　）。

A. 计入股本价值　　B. 计入财务费用

C. 计入管理费用　　D. 从溢价中抵扣，冲减资本公积

10. 某公司需增加注册资本到600000元，经研究决定接受甲投资者的投资。根据公司的现状，甲投资者须缴入资金500000元，享有公司三分之一的股份。公司增资前的注册资本为400000元。该公司收到新投资500000元后，应该确定“实收资本——甲”为（　　）元。

A. 300000　　B. 200000

C. 500000　　D. 600000

11. 某股份有限公司委托证券公司发行股票1000万股，每股面值1元，每股发行价格为5元。合同规定，该股份公司在股票发行成功后，应按发行收入的3%向该证券公司支付发行费。假设股票发行成功，不考虑其他因素，该股份有限公司计入“资本公积”科目的金额应为（　　）万元。

A. 4850　　B. 970

C. 1000　　D. 3850

12. 下列各项，能够引起所有者权益总额发生变化的是（　　）。

A. 增发新股　　B. 盈余公积补亏

C. 股东间的股份转让　　D. 资本公积转增资本

13. 企业年初所有者权益总额5000000元，本年度实现净利润2000000元，按10%提取盈余公积，按20%提取任意盈余公积，同时将其中的资本公积转增资本1000000元，向投资者发放现金股利1000000元。该企业年末所有者权益总额为（　　）元。

A. 7000000　　B. 6400000

C. 6000000　　D. 5000000

14. 某企业年初未分配利润的借方余额为300000元，本年度实现的净利润为400000元，按10%提取法定盈余公积。假定不考虑其他，该企业当年年末未分配利润的贷方余额应为(　　)元。

A. 660000　　B. 90000

C. 700000　　D. 400000

15. 某企业年末发生以下情况：产生本年度净利润1000万元，按规定按10%提取法定盈余公积，企业还存在以前年度未弥补亏损200万元，同时企业决定向投资者发放现金股利100万元。则该企业年末产生的净利润首先应该是(　　)。

A. 提取法定盈余公积　　B. 弥补亏损

C. 提取任意盈余公积　　D. 向投资者分配利润

16. 某企业收到A投资者作价投入的原材料一批，投出单位的账面原价为200000元，评估确认的价值为180000元，经税务部门认定的增值税为30600元，该企业应记入"实收资本"科目的金额为(　　)元。

A. 200000　　B. 230600

C. 210600　　D. 169400

17. 某股份有限公司委托某证券公司代理发行普通股100万股，每股面值10元，发行价定为15元，证券公司代理手续费为发行收入的3%，从发行收入中扣除。则该公司收到在发行完毕后计入资本公积的数额为(　　)万元。

A. 1455　　B. 1500

C. 500　　D. 455

18. 企业可以用于弥补6年前的亏损的来源有(　　)。

A. 税前利润

B. 税后利润

C. 应偿还的向投资者借来的款项

D. 实收资本

19. 盈余公积是企业从(　　)中提取的公积金。

A. 税前利润　　B. 税后利润
C. 销售利润　　D. 营业利润

20. 某企业年初未分配利润贷方余额为100万元，当年净利润为200万元，按10％提取法定盈余公积，按10％提取任意盈余公积。向投资者分配利润100万元，该企业年末未分配利润为(　　)万元。

A. 300　　B. 200
C. 140　　D. 160

四、多项选择题

1. 所有者权益包括(　　)。

A. 实收资本　　B. 资本公积
C. 盈余公积　　D. 收益

2. 所有者权益与负债的区别有(　　)。

A. 对象不同　　B. 偿还期限不同
C. 收益报酬不同　　D. 享受权利不同

3. 投资者投入到企业的投资款项可分成两大类别(　　)。

A. 资本金　　B. 盈余公积
C. 资本公积　　D. 未分配利润

4. 影响所有者权益的来源有(　　)。

A. 所有者投入资本　　B. 获得净利润
C. 接受资产捐赠　　D. 向银行借款

5. 企业核算其注册资本，一般通过“实收资本”账户进行核算。其贷方登记(　　)。

A. 企业减少的注册资本
B. 投资者投入资本
C. 资本公积或盈余公积转增的资本
D. 资本溢价

6. 下列说法正确的是(　　)。

A. 公司发行股票支付的手续费、佣金等发行费用，溢价发行

的，从溢价中抵销

B. 公司发行股票支付的手续费、佣金等发行费用，溢价发行的，计入“财务费用”

C. 公司发行股票支付的手续费、佣金等发行费用，无溢价的或溢价不足以支付的部分，冲减盈余公积和未分配利润

D. 公司发行股票支付的手续费、佣金等发行费用，无溢价的，与有溢价的处理一样

7. 下列各项，构成企业留存收益的有（　　）。

A. 未分配利润　　B. 法定盈余公积

C. 任意盈余公积　　D. 资本公积

8. 企业接受投资者作价投入的房屋等固定资产，会计处理应（　　）。

A. 按投资各方确认的价值作为实收资本入账

B. 直接按账面原值入账

C. 按折余价值入账

D. 资本溢价部分计入资本公积

9. 下列各项属于资本公积的来源的有（　　）。

A. 资本溢价

B. 盈余公积

C. 直接计入所有者权益的利得和损失

D. 所有的利得和损失

10. 股份有限公司增加股本的途径有（　　）。

A. 增发股票　　B. 发放股票股利

C. 资本公积转增资本　　D. 盈余公积转增资本

11. 下列业务中，会导致所有者权益减少的有（　　）。

A. 发放股票股利　　B. 减少注册资本

C. 发放现金股利　　D. 股东间的股份转让

12. 企业弥补亏损的来源包括（　　）。

A. 盈余公积

B. 发生亏损后连续 5 年的税前利润

C. 以后年度的税后利润

D. 实收资本

13. 企业吸收投资者出资时，可能发生变化的科目有（　　）。

A. 利润分配　　B. 实收资本

C. 任意盈余公积　　D. 资本公积

14. 未分配利润是经过（　　）之后，留待以后年度分配的利润。

A. 提取法定盈余公积　　B. 弥补亏损

C. 向投资者分配利润　　D. 提取任意盈余公积

15. 下列项目中，会影响资产负债表上所有者权益金额大小的有（　　）。

A. 计提盈余公积　　B. 盈余公积转增资本

C. 年末亏损　　D. 接受投资者的投资

16. 进行留存收益核算时，主要的业务有（　　）。

A. 提取盈余公积　　B. 盈余公积补亏

C. 向投资者分配利润　　D. 本年利润的结转

17. 下列事项中，会导致实收资本或股本发生变动的有（　　）。

A. 资本公积转增资本

B. 盈余公积转增资本

C. 盈余公积弥补亏损

D. 派送新股

18. 投资者投资企业的投入方式可以是（　　）。

A. 产品　　B. 股票市场购买的股票

C. 专利权　　D. 向银行借入的款项

19. 企业可供分配利润的组成部分包括（　　）。

A. 当年实现的净利润　　B. 以前年度亏损

C. 盈余公积补亏　　D. 实收资本

20. 下列项目中，可能引起其他综合收益变动的有（　　）。

A. 权益结算的股份支付

B. 自用房地产或存货转换为采用公允价值模式计量的投资性房地产

C. 重新计量设定受益计划净负债或净资产导致的变动

D. 外币报表折算差额

五、计算分析题

1. 某企业 20×6 年 12 月 31 日编制的资产负债表中所有者权益数据如下：

实收资本	1300000	资本公积	2000000
盈余公积	800000	未分配利润借方余额	400000

20×7 年，发生如下会计事项：

(1) 企业新增资本 30 万元，由原投资人按比例投入。

(2) 20×7 年获得净利润 100 万元，按 10%提取盈余公积。

(3) 20×7 年 12 月 20 日，企业又增加注册资本 20 万元，接受甲为新投资者。按照约定，甲应投入 50 万元来拥有 20 万元的股份。

要求：计算该企业 20×7 年 12 月 31 日的实收资本、资本公积、盈余公积、未分配利润的账面价值。

2. 20×7 年 12 月 31 日，某公司实收资本账面价值为 200 万元，资本公积为 70 万元，盈余公积为 90 万元，利润分配——未分配利润为贷方 100 万元。20×8 年接受投资者投入一台设备，设备账面价值 80 万元，已提折旧 20 万元，双方协议价为 40 万元；20×8 年实现净利润 110 万元。该公司决定按法律规定提取净利润的 10%作为法定盈余公积，按公司章程提取 20%作为任意盈余公积，分配 30 万元作为股东现金股利。假设上述行为已经全部完成，不考虑其他因素。

要求：计算该公司20×8年12月31日实收资本、资本公积、盈余公积、未分配利润的账面价值。

六、业务题

1. A公司发生如下经济业务：

(1)20×5年1月1日，A有限责任公司由甲、乙、丙共同投资设立，注册资本为100万元，甲、乙、丙持股比例分别为40%、30%、30%。按照公司章程规定，甲、乙、丙投入资本分别为40万元、30万元、30万元。A公司已如期收到各投资者一次缴足的款项。

(2)20×6年1月1日，为扩大经营规模，经批准，A公司注册资本增加到200万元，并引入第四位投资者丁加入。按照投资协议，新投资者需缴入现金150万元，同时享有该公司50%的股份。A公司已收到该现金投资。假定不考虑其他因素。

要求：编制有关的会计分录。

2. B公司于设立时发生下列会计事项：

(1)收到方维企业作为资本投入的全新的不需安装的设备一台，各方确认的价值为100万元，合同约定的固定资产价值与公允价值相符。

(2)收到四维企业作为资本投入的原材料一批，确认的价值为50万元。同时四维公司购入时的增值税发票上标明的增值税额为8.5万元，已经税务机关允许，B公司可以将其作为进项税抵扣。

(3)收到万杰公司作为资本投入的专利权一项，投资合同上约定的价值为80万元。

假如上述事项都无资本溢价，符合国家法律法规的规定，不考虑其他因素。

要求：编制B公司有关的会计分录。

3. C股份有限公司依法发行股票筹集资本，共发行普通股1000万股，每股面值1元，每股发行价格2元。根据约定，C股份公司按发行收入的5%向代理发行的证券公司支付发行费用，从发行收入中抵扣。假设股票已发行成功，股款已划入C股份公司的银行账户。

要求：编制C公司有关的会计分录。

4. 甲、乙、丙三人投资组建一家有限责任公司，注册资本 1000 万元。甲、乙、丙分别持股的比例为 50%、30%、20%。本年度发生下列会计事项：

(1)为扩大经营规模，经批准，该公司的注册资本扩大到 1500 万元，甲、乙、丙按照原出资比例追加投资。各投资者一次性将追加投资款项缴纳，款项已存入公司账户。

(2)因国外投资办厂需要，经批准，该公司按原出资比例将资本公积和盈余公积各 300 万元转增资本。

要求：编制该公司有关的会计分录。

5. D 公司年初未分配利润为 −100000 元，发生下列会计事项：

(1)公司用盈余公积 100000 元弥补以前年度亏损；

(2)本年实现净利润 100 万元，结转净利润到所有者权益。

(3)按净利润的 10% 的比例提取法定盈余公积，另提取任意盈余公积 5 万元。

(4)宣告发放现金股利 30 万元。

要求：编制相关会计分录。

七、案例分析题

1. B公司年末的“实收资本”账户记录为500万元，所有者权益总额为1000万元。第二年B公司打算生产一种新产品，该种新产品的生产设备只有A企业才生产。B公司经与A企业协商后，考虑到公司整体的财务状况，经董事会决定并报原审批机关批准，决定吸收A企业作为产品的设备投资，享有本公司20%的股权。该设备的市场价为200万元。另公司注册资本已办理变更登记，调整为600万元。B公司接受该投资后的账务处理为：

A企业在本公司享有的股份＝1000×20%＝200(万元)，因此：

借：固定资产　　2000000

　贷：实收资本　　2000000

试分析：B公司的决定和会计处理是否存在错误？为什么？

2. 观大股份有限公司20×0年初以募集方式设立，发行股票面值为5000万元，发行价为7500万元。至20×0年末，该公司经营既无利润也无亏损。20×1年该公司亏损900万元人民币。此后又进入不亏不盈的局面。20×6年，由于公司管理层调整经营策略，加强管理，经营大有起色，当年盈利800万元。公司董事会考虑因为公司连年无盈利，一直没有给股东分配股利，于是决定将利润中的50万元留存企业，其余作为现金股利分配给股东。

试分析：观大股份有限公司的做法是否存在问题？为什么？

第6章参考答案

一、填空题

1. 负债　所有者权益　2. 实收资本　3. 实收资本　资本公积　盈余公积　未分配利润　其他综合收益　4. 盈余公积　未分配利润　5. 投资者　所有者　6. 实收资本　7. 利润　8. 可供分配利润　9. 所有者投入资本　向所有者分配利润　10. 股东权益

二、判断改错题

1. ×　2. √　3. √　4. ×　5. √　6. √　7. ×　8. ×　9. √　10. ×　11. ×　12. ×　13. √　14. ×　15. √

三、单项选择题

1. B　2. B　3. C　4. A　5. D　6. A　7. C　8. D　9. D　10. B　11. D　12. A　13. C　14. B　15. B　16. C　17. D　18. B　19. B　20. D

四、多项选择题

1. ABC　2. ABCD　3. AC　4. ABC　5. BC　6. AC　7. ABC　8. AD　9. AC　10. ABCD　11. BC　12. ABC　13. BD　14. ABCD　15. CD　16. ABCD　17. ABD　18. ABCD　19. ABC　20. BCD

五、计算分析题

1. 20×7 年 12 月 31 日该企业所有者权益各个项目数据如下：

实收资本：1300000＋300000＋200000＝1800000(元)

资本公积：2000000＋300000＝2300000(元)

盈余公积：800000＋(1000000－400000)×10%＝860000(元)

未分配利润：－400000＋1000000－60000＝540000(元)

2. A 公司 20×8 年 12 月 31 日所有者权益各个项目数据如下：

实收资本：200＋40＝240(万元)

资本公积：70(万元)

盈余公积：90＋110×10%＋110×20%＝123(万元)

未分配利润：100＋(110－110×10%－110×20%－30)

＝147(万元)

六、业务题

1.(1)借：银行存款　1000000

　　贷：实收资本——甲　400000

　　　　　　——乙　300000

　　　　　　——丙　300000

(2)借：银行存款　1500000

　　贷：实收资本——丁　1000000

　　　　资本公积　500000

丁所拥有的股份份额＝200×50%＝100(万元)

2. (1)借：固定资产　1000000

　　贷：实收资本——方维　1000000

(2)借：原材料　500000

　　应交税费——应交增值税(进项税额)　85000

　　贷：实收资本——四维　585000

(3)借:无形资产——专利权　　800000

　贷:实收资本——万杰　　800000

3. C股份有限公司收到的银行存款:

$1000\times2-1000\times2\times5\%=1900$(万元)

C股份有限公司确认的股本:

$1000\times1=1000$(万元)

C股份有限公司确认的资本公积:

$1000\times2-1000\times2\times5\%-1000\times1=900$(万元)

会计处理如下:

借:银行存款　　19000000

　贷:股本　　10000000

　　资本公积　　9000000

4. (1)该公司扩资500万元,按原投资比例出资。

甲追加投资额:$500\times50\%=250$(万元)

乙追加投资额:$500\times30\%=150$(万元)

丙追加投资额:$500\times20\%=100$(万元)

会计处理如下:

借:银行存款　　5000000

　贷:实收资本——甲　　2500000

　　——乙　　1500000

　　——丙　　1000000

(2)资本公积、盈余公积转增资本时,应该按照转增前的实收资本比例结构,将转增资本的数额计入各所有者的投资明细账。

该公司从资本公积、盈余公积共转增资本600万元,按照原实收资本比例结构,甲的投资明细账应增加300万元($600\times50\%$),乙增加180万元,丙增加120万元。会计处理如下:

借:资本公积　　3000000

　盈余公积　　3000000

贷:实收资本——甲　　3000000

——乙　　1800000

——丙　　1200000

5. (1)借:盈余公积　　100000

贷:利润分配——盈余公积补亏　　100000

(2)借:本年利润　　1000000

贷:利润分配——未分配利润　　1000000

(3)借:利润分配——提取盈余公积　　150000

贷:盈余公积——法定盈余公积　　100000

——任意盈余公积　　50000

借:利润分配——未分配利润　　150000

贷:利润分配——提取盈余公积　　150000

(4)借:利润分配——应付现金股利　　300000

贷:应付股利　　300000

借:利润分配——未分配利润　　300000

贷:利润分配——应付现金股利　　300000

七、案例分析题

1. (1)B公司根据生产发展需要,经董事会决定并报原审批机关批准,吸收A企业投资,且注册资本已办理变更登记,在手续上是完备的、合规的。

(2)B公司接受投资后的注册资本调整为600万元。A企业享受B公司20%的股权,则A企业的股权份额为120万元(600×20%)。

(3)A企业投入的产品市场价为200万元,应将确认的股份数120万元作为实收资本,资本溢价的80万元作为资本公积来处理。因此B公司在收到A企业的投资时,应做如下的会计处理:

借:固定资产　　2000000

　贷:实收资本　　1200000

　　资本公积　　800000

2. 考虑利润分配的政策和分配顺序。

第7章　收入、费用与利润

一、填空题

1. 企业期间费用包括＿＿＿＿＿、＿＿＿＿＿和＿＿＿＿＿。

2. 产品生产成本明细账通常设置＿＿＿＿＿、＿＿＿＿＿和＿＿＿＿＿成本项目。

3. 产品生产人员和车间管理人员的职工薪酬分别应列支＿＿＿＿＿和＿＿＿＿＿科目。

4. “税金及附加”科目核算内容包括：＿＿＿＿＿、＿＿＿＿＿、＿＿＿＿＿、＿＿＿＿＿以及房产税、土地使用税、车船使用税、印花税等相关税费。

5. 在我国，现金折扣应采用＿＿＿＿＿法核算，现金折扣在发生时计入＿＿＿＿＿核算。

6. 采用分期收款方式销售商品的，应当在＿＿＿＿＿确认销售收入。

7. 结转已销售产品成本，应借记＿＿＿＿＿账户，贷记＿＿＿＿＿账户。

8. 应纳所得税额＝＿＿＿＿＿×适用税率

二、判断改错题

1. （　　）制造费用是成本类科目，不是期间费用的核算范围。

2. （　　）费用是指企业在日常活动中发生的、会导致资产减少的、与向所有者分配利润无关的经济利益的总流出。

3.（　　）销售费用与制造费用不同，本期发生的销售费用直接影响本期损益，但本期发生的制造费用则不影响当期损益。

4.（　　）企业出售固定资产发生的处置净损失属于企业的费用。

5.（　　）车间管理人员的工资不属于直接工资，因而不能计入产品成本，而应计入期间费用。

6.（　　）期间费用发生的当期全部列入当期损益，不计入产品成本。

7.（　　）产品制造成本是当期直接费用、间接费用和期间费用的总和。

8.（　　）当期发生的制造费用应于期末全部列入当期损益。

9.（　　）工业企业为拓展销售市场所发生的业务招待费，应计入销售费用。

10.（　　）现金折扣和销售折让，均应在实际发生时计入当期财务费用。

11.（　　）企业对预收账款这种预收收入的调整，是随着产品、劳务的提供，销售的实现而随时进行冲销的。

12.（　　）出租包装物的租金收入应通过“其他业务收入”账户

核算。

13.（　　）采用预收货款销售商品产品，以预收货款日作为收入实现日。

14.（　　）收入能否可靠地计量，是确认收入的基本前提之一。

15.（　　）企业在销售收入确认之后发生的销售折让，应在实际发生时冲减发生当期的收入。

三、单项选择题

1.（　　）是正确核算各个会计期间损益的前提，也是组织会计核算的基本前提之一。

A. 会计期间的划分　　B. 会计科目的区分

C. 会计主体的区分　　D. 会计要素的区分

2. 车间管理人员的工资和厂部管理人员的工资分别借记（　　）账户。

A. “制造费用”和“管理费用”

B. “管理费用”和“销售费用”

C. “生产成本”和“管理费用”

D. “制造成本”和“财务费用”

3. 企业按规定于本月末计算出应交的教育费附加，应借记“税金及附加”账户，贷记（　　）账户。

A. 应交税费　　B. 其他应交款

C. 其他应付款　　D. 应付账款

4. 车间管理部门使用的固定资产计提折旧费时应借记（　　）账户，贷记“累计折旧”账户。

A. 制造费用　　B. 管理费用

C. 折旧费用　　D. 生产费用

5. “生产成本”账户的期末借方余额表示(　　)。

A. 完工产品成本　　B. 本月生产费用合计

C. 期末在产品成本　　D. 库存产品成本

6. 企业乙车间月初在产品成本为 1000 元，本月耗用材料 6000 元，生产工人工资及福利费 4000 元，乙车间管理人员工资福利费 2000 元，乙车间水电费 2000 元，月末在产品生产成本为 2200 元，厂部预付半年报刊费 600 元(含本月)。则乙车间本月完工产品生产成本总额为(　　)元。

A. 17200　　B. 14000

C. 12800　　D. 13400

7. 下列各项中，不属于费用的是(　　)。

A. 主营业务成本　　B. 销售费用

C. 营业外支出　　D. 税金及附加

8. 甲企业 20×1 年 5 月份发生制造费用 50 万元，管理费用 4 万元，销售费用 10 万元，那么甲企业 20×1 年 5 月份的费用总额合计为(　　)万元。

A. 14　　B. 54

C. 60　　D. 64

9. 企业对于已经发出且符合收入确认条件的商品(未计提存货跌价准备)，结转商品成本时应借记的科目是(　　)。

A. 在途物资　　B. 发出商品

C. 库存商品　　D. 主营业务成本

10. 下列各项中，不属于企业期间费用的是(　　)。

A. 固定资产维修费　　B. 聘请中介机构费

C. 生产车间管理人员工资　　D. 企业发生的现金折扣

11. 某企业 20×0 年 3 月份发生的费用有：计提车间用固定资产折旧 10 万元，发生车间管理人员薪酬 40 万元，支付广告费用 30 万元，计提短期借款利息 20 万元，计提行政部门用固定资产折旧 10 万元。则该企业当期的期间费用总额为(　　)万元。

A. 50　　B. 60

C. 100　　D. 110

12. 下列各项中,应该通过销售费用科目核算的是(　　)。

A. 销售方发生的现金折扣

B. 出售固定资产支付的清理费用

C. 销售商品过程中发生的保险费用

D. 业务招待费

13. 下列各项中,应计入管理费用的是(　　)。

A. 企业管理人员差旅费

B. 固定资产发生的盘亏净损失

C. 筹建期间资本化的借款利息支出

D. 生产车间管理人员工资

14. 某企业某月销售商品发生商业折扣 400 万元、现金折扣 200 万元、销售折让 150 万元。该企业上述业务计入当月财务费用的金额为(　　)万元。

A. 400　　B. 200

C. 150　　D. 350

15. 某企业"生产成本"科目的期初余额为 10 万元,本期为生产产品发生直接材料费用 80 万元,直接人工费用 15 万元,制造费用 20 万元,企业行政管理费用 10 万元,本期结转完工产品成本为 100 万元。假定该企业只生产一种产品,期末"生产成本"科目的余额为(　　)万元。

A. 5　　B. 15

C. 25　　D. 35

16. 预收货款业务不多的企业,可以不设"预收账款"账户,直接将预收的货款记入(　　)。

A. "应收账款"账户的借方　　B. "应收账款"账户的贷方

C. "应付账款"账户的借方　　D. "应付账款"账户的贷方

17. 企业按规定于本月末计算出应交的教育费附加,应借记"税金及附加”账户，贷记(　　)账户。

A. 应交税费　　　　B. 其他应交款

C. 其他应付款　　　　D. 应付账款

18. 下列项目中，属于营业外收入的业务为(　　)。

A. 销售产品收入　　　　B. 销售材料收入

C. 接受捐赠的固定资产　　　　D. 出租固定资产收入

19. 计算应交所得税的会计处理，应借记(　　)账户，贷记“应交税费”账户。

A. 销售费用　　　　B. 财务费用

C. 税金及附加　　　　D. 所得税费用

20. 年末结转后，“利润分配”账户的贷方余额表示(　　)。

A. 利润分配总额　　　　B. 未弥补亏损

C. 未分配利润　　　　D. 实现的利润总额

21. 企业应当在履行了合同中的履约义务，即在(　　)时确认收入。

A. 签订合同　　　　B. 发出商品

C. 客户取得相关商品控制权　　　　D. 风险报酬转移

22. 依据收入准则，下列对于合同存在形式说法错误的是(　　)。

A. 只能是书面形式合同　　　　B. 口头形式合同

C. 其他形式合同　　　　D. 书面形式合同

23. 企业与同一客户同时订立的两份或多份合同，应当合并为一份合同进行会计处理是(　　)。

A. 该两份或多份合同没有构成一揽子交易

B. 该两份或多份合同中所承诺的商品构成一项单项履约义务

C. 该两份或多份合同中的一份合同的对价金额与其他合同的定价或履行情况无关

D. 该两份或多份合同在一个月内订立

24. 依据收入准则的规定，在确定交易价格时，不属于企业应当考虑因素的是(　　)。

A. 可变对价

B. 应收客户款项

C. 非现金对价

D. 合同中存在的重大融资成分

25. 甲公司下列经济业务中,应作为主要责任人的是(　　)。

A. 甲公司从X航空公司购买折扣机票,对外销售时,可自行决定售价,但未出售机票不能退回X航空公司

B. 甲公司从X航空公司购买折扣机票,对外销售时,X航空公司决定机票售价,未出售机票由X航空公司收回

C. 甲公司运营一购物网站,由零售商负责商品定价、发货及售后服务等,甲公司仅收取一定手续费用

D. 甲公司经营的商场中设立有M品牌服装专柜,M品牌服装经销商自行决定商品定价、销售等情况,按年支付商场经营费用,甲公司无权干预M专柜的经营活动

26. A公司为一家篮球俱乐部,2×17年1月与B公司签订合同,约定B公司有权在未来两年内在其生产的水杯上使用A公司球队的图标,A公司收取固定使用费420万元,以及按照B公司当年销售额的10%计算提成。B公司预期A公司会继续参加当地联赛,并取得优异成绩。B公司2×17年实现销售收入200万元。假定不考虑其他因素,A公司2×17年应确认收入的金额为(　　)万元。

A. 230　　B. 0

C. 210　　D. 420

27. 甲公司为一家会员制健身会所。2×17年1月与客户签订为期3年的健身合同,约定自合同签订日起客户有权在该健身会所健身,除签订合同日客户需支付的3年年费2700元外,甲公司额外收取30元会员费,作为为客户定制健身卡的工本费及注册登记等初始活动的补偿,无论客户是否在未来期间进行健身活动,甲公司收取的年费及会员费均无需退还,假定不考虑其他因素,甲公司2×17年

应确认的收入金额为(　　)元。

A. 2700　　B. 2730

C. 910　　D. 30

28. 下列关于售后回购交易的会计处理符合企业会计准则规定的是(　　)。

A. 企业因存在与客户的远期安排而负有回购义务或企业享有回购权利的,回购价格低于售价,应当视为租赁交易

B. 企业到期未行使回购权利的,应当在该回购权利到期时终止确认金融负债,但无需确认收入

C. 企业负有应客户要求回购商品义务的,客户具有行使该要求权重大经济动因的,企业应当将售后回购作为融资交易

D. 企业负有应客户要求回购商品义务的,客户不具有行使该要求权重大经济动因的,应当将其作为正常销售交易

四、多项选择题

1. 企业估计银行借款利息支出,而尚未实际支付时,应(　　)。

A. 借记"财务费用"账户　　B. 贷记"财务费用"账户

C. 借记"预付账款"账户　　D. 贷记"应付利息"账户

2. 产品成本项目包括(　　)。

A. 直接材料费用　　B. 直接人工费用

C. 销售费用　　D. 制造费用

3. 企业月末估计银行存款的利息收入,而尚未实际收到时,应(　　)账户。

A. 借记"其他应收款"　　B. 贷记"财务费用"

C. 贷记"其他业务收入"　　D. 借记"财务费用"

4. 下列费用中,应作为销售费用处理的有(　　)。

A. 销售过程中发生的运输费用

B. 发生的业务招待费

C. 专设销售机构费用

D. 工会经费和公司经费

5. 下列各项中，属于期间费用的有(　　)。

A. 广告费用

B. 短期借款利息费用

C. 车间管理人员的工资费用

D. 预付的仓库租赁费用

6. 下列各项中，应直接计入当期损益的是(　　)。

A. 制造费用　　B. 财务费用

C. 所得税费用　　D. 管理费用

7. 下列各项中，应在发生时直接确认为期间费用的有(　　)。

A. 专设销售机构固定资产的折旧费

B. 业务招待费

C. 管理人员差旅费

D. 车间管理人员薪酬

8. 下列各项中，不应在发生时确认为销售费用的有(　　)。

A. 车间管理人员的工资

B. 公司办公大楼的折旧额

C. 专设销售机构固定资产的维修费

D. 预计产品质量保证损失

9. 下列项目中，不计入财务费用处理的有(　　)。

A. 企业销售商品发生的商业折扣

B. 企业销售商品发生的销售折让

C. 企业购买商品获得的现金折扣

D. 企业购买商品放弃的现金折扣

10. 下列各项中，计入财务费用科目借方的有(　　)。

A. 公司发行股票支付的手续费、佣金等发行费用

B. 资本化的借款利息支出

C. 销货企业实际发生的现金折扣

D. 支付银行承兑汇票的手续费

11. 下列各项目中,应当在计算净利润时扣除的有(　　)。

A. 罚款支出　　B. 所得税费用

C. 盈余公积　　D. 应付股利

12. 下列各项目中,属于他人使用本企业资产应确认收入的有(　　)。

A. 他人使用本企业现金按期计提的利息收入

B. 出售固定资产所取得的收入

C. 合同约定按销售收入一定比例收取的商标使用费收入

D. 出售自制半成品所取得的收入

13. 下列账户中,能与“主营业务收入”对应的账户有(　　)。

A. 库存现金　　B. 银行存款

C. 应交税费　　D. 应收账款

14. 资本公积核算的内容包括(　　)。

A. 固定资产的清理收益　　B. 股本溢价

C. 接受捐赠资产　　D. 资本溢价

15. 企业计入“税金及附加”账户的税金包括(　　)。

A. 增值税

B. 资源税

C. 消费税

D. 城市维护建设税和教育费附加

16. 月末,转入“本年利润”账户借方的对应账户为(　　)。

A. 主营业务成本　　B. 主营业务收入

C. 制造费用　　D. 财务费用

17. 与“营业利润”计算有关的项目有(　　)。

A. 主营业务成本　　B. 主营业务收入

C. 资产减值准备　　D. 投资收益

18. 企业日常经营活动涉及的下列各种税金中,应计入“税金及附加”的有(　　)。

A. 矿产资源补偿费　　B. 消费税

C. 增值税销项税额　　　　　　D. 城市维护建设税

19. 收入是企业在日常活动中产生的经济利益的总流入。下列各项中，属于收入的有(　　)。

A. 销售商品收入　　　　　　B. 提供劳务收入

C. 销售原材料收入　　　　　D. 出租固定资产收入

20. 下列各项，影响企业营业利润的有(　　)。

A. 管理费用　　　　　　　　B. 财务费用

C. 所得税费用　　　　　　　D. 主营业务成本

21. 下列关于附有质量保证条款的销售履约义务识别表述中正确的有(　　)。

A. 企业提供额外服务的，应当作为单项履约义务

B. 企业未提供额外服务的，应按照或有事项要求进行会计处理

C. 客户能够选择单独购买质量保证的，该质量保证构成单项履约义务

D. 质量保证期越长，越有可能是单项履约义务

22. 下列关于合同中存在重大融资成分处理的表述中正确的有(　　)。

A. 企业应当按照假定客户在取得商品控制权时以现金支付的应付金额确定交易价格

B. 企业应当按照假定客户在取得商品控制权时以应付金额的现值确定交易价格

C. 该交易价格与合同对价之间的差额，应当在合同期间内采用实际利率法摊销

D. 合同开始日，企业预计客户取得商品控制权与客户支付价款间隔不超过一年的，可以不考虑合同中存在的重大融资成分

23. A公司与客户签订销售合同，合同约定以总价150万元的价格销售甲、乙、丙三种商品。甲、乙、丙三种商品的单独售价分别为40万元、60万元、80万元。A公司经常将甲产品和乙产品打包按照70万元出售，丙产品单独按照80万元出售。不考虑其他因素，下列

说法中正确的有(　　)。

A. 甲产品应确认收入为 40 万元

B. 乙产品应确认收入为 42 万元

C. 丙产品应确认收入为 80 万元

D. 甲产品应确认收入为 28 万元

24. 2×17 年 9 月,M 公司与 N 公司签订合同,约定 M 公司为 N 公司装修办公楼并安装电梯,合同总价款为 300 万元,M 公司预计合同总成本为 240 万元,其中包含电梯采购成本 80 万元。2×17 年 12 月,M 公司将电梯运达施工现场由 N 公司验收,验收合格后,N 公司取得电梯的控制权。截至 2×17 年 12 月,M 公司累计发生成本 150 万元(包含支付给电梯销售方的电梯采购成本 80 万元)。因装修尚在进行中,M 公司预计 2×18 年才会安装电梯。假定该装修服务(包含电梯安装)构成单项履约义务,M 公司采用投入法确定履约进度,不考虑增值税等其他因素,下列说法中正确的有(　　)。

A. 2×17 年年末,M 公司履约进度为 43.75%

B. 2×17 年年末,M 公司履约进度为 62.5%

C. 2×17 年年末,M 公司应确认收入 176.25 万元,成本 150 万元

D. 2×17 年年末,M 公司应确认收入 187.5 万元,成本 150 万元

25. 企业为履行合同可能会发生的成本作为合同履约成本确认为一项资产,需要满足的条件有(　　)。

A. 该成本预期能够收回

B. 该成本增加了企业现在用于履行履约义务的资源

C. 该成本增加了企业未来用于履行履约义务的资源

D. 该成本与一份当前或预期取得的合同直接相关

26. 甲公司参与一咨询项目竞标并取得合同,发生相关支出如下:(1)因参与投标发生差旅费 5000 元;(2)聘请律师进行尽职调查支出 10000 元;(3)销售人员佣金 8000 元,且预期能够收回;(4)承诺

根据当年实现销售收入的5%向销售部门经理支付年终奖。上述各项支出，应于实际发生时计入当期损益的有（　　）。

A. 参与投标发生的差旅费

B. 聘请律师的尽职调查支出

C. 销售人员佣金

D. 支付销售部门经理的年终奖

27. 企业向客户授予知识产权许可，应当作为在某一时段内履行的履约义务确认相关收入，企业需要考虑的因素有（　　）。

A. 合同要求或客户能够合理预期企业将从事对该项知识产权有重大影响的活动

B. 该活动对客户将产生有利或不利影响

C. 该活动不会导致向客户转让某项商品

D. 该活动会导致向客户转让某项商品

28. 2×17年6月20日，甲公司与乙公司签订合同，约定以总价3000万元的价格向乙公司销售X、Y两种产品，X产品单独售价为2100万元，Y产品单独售价为1500万元。同时，合同约定，签订当天即交付X产品，并于一个月内交付Y产品，两项产品全部交付后，甲公司才有权收取合同约定款项。假定X产品和Y产品分别构成单项履约义务，其控制权在商品交付时转移给乙公司，假定不考虑增值税等其他因素，下列说法中正确的有（　　）。

A. 2×17年6月20日，确认X产品的收入为1750万元

B. 交付Y产品时，确认收入1250万元

C. 2×17年6月20日，应确认合同资产1750万元

D. 交付Y产品时，确认收入3000万元

五、计算分析题

1. 练习期间费用的确认与计量

某企业20×0年3月份发生的业务有：

(1)发生无形资产研究费用10万元；

(2)发生专设销售部门人员工资 25 万元；
(3)支付业务招待费 15 万元；
(4)支付销售产品保险费 5 万元；
(5)本月应交纳的城市维护建设税 0.5 万元；
(6)计提出租房地产折旧 40 万元；
(7)支付本月未计提短期借款利息 0.1 万元；
假设不考虑其他事项。
要求：
(1)说明(1)～(7)项经济业务应该计入哪项期间费用；
(2)计算该企业 3 月份发生的期间费用总额。

2. 2×16 年 1 月 1 日，A 商场店庆酬宾，开展一项奖励积分计划。该奖励积分计划规定：2×16 年 1 月 1 日，客户每在商场内消费 10 元可兑换 1 个积分，每个积分可在未来购买产品时按 1 元的折扣兑现，有效期为 3 年。

当日，共销售了 100000 元的产品，应授予客户可在未来购买时兑现的积分 10000 个。A 公司预计积分兑换率为 98%。基于兑换的可能性估计每个积分的单独售价为 1 元。

至 2×16 年年末，有 4800 个积分被兑换，A 公司预计积分兑换率变为 95%。

至 2×17 年年末，累计有 8700 个积分被兑换，A 公司预计积分兑换率变为97%。

2×18年12月31日,剩余未兑换奖励积分全部失效。

假定不考虑相关税费等因素的影响。(答案中金额单位用元表示,计算结果保留整数)

要求:

(1)计算A公司2×16年1月1日授予奖励积分的公允价值、因销售商品应当确认的销售收入,并编制相关会计分录;

(2)计算A公司2×16年度因客户使用奖励积分应当确认的收入,并编制相关会计分录;

(3)计算A公司2×17年度因客户使用奖励积分应当确认的收入,并编制相关会计分录。

(4)计算A公司2×18年度因客户使用奖励积分应当确认的收入,并编制相关会计分录。

3. 练习权责发生制和收付实现制下收入和费用的确定

某企业4月份有关收入和费用的经济业务如下:

(1) 按合同规定向国泰公司销售产品50000元,已收到30000元,货款存入银行,余款暂欠。

(2) 收到上月应收的销货款2000元,存入银行。

(3) 预付第三季度租用办公用房租金3000元。

(4)收到购货单位的预付货款20000元。

(5) 计提本月应负担的银行借款利息 800 元。

(6)缴纳上月税金及附加 1000 元。

(7)支付第一季度所得税费用 2400 元。

要求：按权责发生制和收付实现制列表计算本月(4 月份)的收入和费用(见表 7-1)。

表 7-1　　本月收入和费用计算表　　单位:元

业务号	权责发生制		收付实现制	
	收　入	费　用	收　入	费　用
1				
2				
3				
4				
5				
6				
7				
合计				

4. 练习收入确认计量及现金折扣的核算

甲公司适用的增值税税率为 13%。20×3 年 3 月 1 日，向乙公司销售某商品 1000 件，每件标价 2000 元，实际售价 1800 元(售价中不含增值税额)，已开出增值税专用发票，商品已交付给乙公司。为了及早收回货款，甲公司在合同中规定的现金折扣条件为:2/10,1/20,N/30。

要求：

(1)编制甲公司销售商品时的会计分录(假定现金折扣按售价计算;“应交税费”科目要求写出明细科目及专栏)。

(2)根据以下假定,分别编制甲公司收到款项时的会计分录。

①乙公司在3月8日按合同规定付款,甲公司收到款项并存入银行。

②乙公司在3月19日按合同规定付款,甲公司收到款项并存入银行。

③乙公司在3月29日按合同规定付款,甲公司收到款项并存入银行。

5. 练习利润的计算和结转分录的编制

某企业20×6年度决算时,各类账户12月份余额为(见表7-2):

表7-2　　账户余额表　　单位:元

账户名称	结账前余额
主营业务收入	300000(贷)
税金及附加	15000(借)
主营业务成本	130000(借)
销售费用	8000(借)
管理费用	18000(借)
财务费用	5000(借)

续　表

账户名称	结账前余额
其他业务收入	20000(贷)
其他业务成本	18000(借)
投资收益	6000(贷)
营业外收入	7640(贷)
营业外支出	5640(借)
所得税费用	44220(借)

要求:(1)根据上述资料编制期末结转分录。

(2)计算出营业利润、利润总额及净利润的数额。

六、业务题

1. 练习制造费用的分配

某机器制造厂5月份发生下列经济业务:

(1)5月份各处材料耗用汇总如下:制造A产品领料5000元,制造B产品领料3000元,车间一般消耗领料600元,厂部一般消耗领料400元,共计9000元。

(2)5月份应付职工工资如下:制造A产品工人工资3000元,B产品工人工资4000元;车间管理人员工资1000元,厂部管理人员工资2000元。

(3)按上述工资总额的14%计算提取本月职工福利费。

(4)计提本月折旧费共计4000元,其中厂部固定资产折旧费1500元,车间厂房设备折旧费用2500元。

(5)用银行存款支付厂部设备修理费500元,车间设备修理费600元。

(6)以银行存款支付本月电费7000元,其中A产品生产用电2500元,B产品生产用电3500元,车间照明用电1000元。

(7)以现金支付车间办公用品费100元。

(8)已知本月A、B两种产品的生产工时分别为4000小时和6000小时,本车间按生产工时比例分配并结转制造费用。

要求:(1)为上述经济业务编制会计分录。

(2)计算填制"制造费用分配表"(见表7-3)。

表7-3　　制造费用分配表

产品名称	生产工时(小时)	分配率	分配金额(元)
A产品			
B产品			
合　计			

2. 练习生产过程的核算和产品成本的计算

某工厂 20×6 年 10 月发生以下经济业务：

(1)本月材料领用情况如下(见表 7-4)：

表 7-4　　材料领用情况表

	A 材料		B 材料		C 材料		辅材	合计
	数量(吨)	金额(元)	数量(吨)	金额(元)	数量(吨)	金额(元)	金额(元)	
产品甲用	50	110000	10	17000	5	20000	3000	150000
产品乙用	10	21000			2	8000	1000	30000
车间部门用							2000	2000
行政管理部门用							1000	1000
合计	60	131000	10	17000	7	28000	7000	183000

(2)本月职工工资计算如下：

甲产品生产工人工资 50000 元；

乙产品生产工人工资 40000 元；

车间管理人员工资 2000 元；

行政人员工资 20000 元

(3)按规定提取职工工资总额 14％的福利费。

(4)从银行提现 112000 元，备发本月工资。

(5)以银行存款支付水电费 4000 元，其中：

生产甲产品耗用 1500 元；

生产乙产品耗用 1000 元；

厂部管理部门耗用 1500 元。

(6)车间报销办公费 200 元，以现金支付。

(7)以银行存款预付 20×7 年书报费 480 元。

(8)按规定折旧率计提本月固定资产折旧，其中车间使用的固定资产折旧为 3000 元，管理部门使用的固定资产折旧为 2000 元。

(9)用现金支付应由本月车间负担的大修理费 600 元。

(10)摊销应由本月车间负担的报刊费 290 元。

(11)按规定计提本月银行借款利息费300元。

(12)月末将制造费用按工资比例分配到生产成本上。

(13)月末甲、乙产品全部完工验收入库,其中:甲产品1000件,乙产品500件,结转实际成本。

要求:

(1)根据上述资料编制会计分录。

3. 练习销售业务的核算

甲股份有限公司(以下简称甲公司)适用的增值税税率为13%,销售单价均为不含增值税价格,存货均未计提存货跌价准备。甲公司20×0年10月发生如下业务:

(1)10月3日,向乙企业赊销A产品100件,单价为40000元,单位销售成本为20000元。

(2)10月15日,向丙企业销售材料一批,价款为700000元,该材料发出成本为500000元。上月已经预收账款600000元。当日丙企业支付剩余货款。

(3)10 月 18 日,丁企业要求退回本年 9 月 25 日购买的 40 件 B 产品。该产品销售单价为 40000 元,单位销售成本为 20000 元,其销售收入 1600000 元已确认入账,价款已于销售当日收取。经查明退货原因系发货错误,同意丁企业退货,并办理退货手续和开具红字增值税专用发票,并于当日退回了相关货款。

(4)10 月 20 日,收到外单位租用本公司办公用房下一年度租金 300000 元,款项已收存银行。

(5)10 月 31 日,计算本月应交纳的城市维护建设税 36890 元,其中销售产品应交纳 28560 元,销售材料应交纳 8330 元;教育费附加 15810 元,其中销售产品应交纳 12240 元,销售材料应交纳 3570 元。

要求:根据上述业务编制相关的会计分录;

(应交税费科目须写出二级和三级明细科目,其他科目可不写出明细科目)。

4. 练习销售过程的核算、损益类账户的结转和利润分配的核算

(1)某工厂 20×6 年 5 月份发生如下经济业务:

①出售产品 A 一批,售价为 100000 元,增值税款 13000 元,款项收到,存入银行。

②按出售产品的实际成本 70000 元结转主营业务成本。

③将逾期未退回随同产品出售的包装物押金 2000 元,转作企业的其他业务收入(不考虑增值税因素)。

④以银行存款支付待业保险费和劳动保险费 4000 元。

⑤以银行存款支付银行借款利息 1500 元,前两个月已预提利息费用 1000 元。

⑥以现金支付产品销售过程中的运输费 500 元。

⑦以银行存款支付业务招待费 3000 元。

⑧以银行存款支付广告费 15000 元。

⑨以银行存款支付违约罚金 500 元。

⑩企业将一台原值 10000 元,已提折旧 7000 元的设备进行处置,获取收入 4000 元,存入银行。

⑪结转本期收入。假定本期期末结转前的"主营业务收入"账户余额为 230000 元,"其他业务收入"账户 50000 元,"营业外收入"账户 1000 元。

⑫结转本月主营业务成本、税金及附加、期间费用和营业外支出。其中,"主营业务成本"账户期末结转前余额为 200000 元,"税金及附加"账户余额为 11500 元,"其他业务成本"为 30000 元,"财务费用"账户余额为 3000 元,"管理费用"账户余额为 15000 元,"销售费用"账户余额为 18000 元,"营业外支出"账户余额为 500 元。

⑬按规定缴纳 25% 的所得税,并将净利润结转到"利润分配"账户。

⑭按规定提取盈余公积金(税后利润 10%)。

⑮按规定向股东分配 1500 元的利润。

要求:

(1)编制以上业务会计分录。

(2)计算营业利润、利润总额和未分配利润。

七、案例讨论

(一)2010 年,财政部围绕国家宏观调控重点,组织驻各地财政监察专员办事处对 114 户企业的会计信息质量执业质量进行了检查,于 2011 年 10 月发布了《中华人民共和国财政部会计信息质量检查公告第二十一号》(以下简称第 21 号公告)进行公告。第 21 号公告表明,大部分企业内部控制体系健全有效,会计核算较为规范,但也发现仍有部分企业执行《会计法》和企业会计准则不到位。以下事项均为第 21 号公告中列示的违规事项:

1. 贵州益佰制药股份有限公司 2009 年度无依据预提产品监测

费8481万元，并从中违规列支市场费用、应急费等支出。

2. 宝诚投资股份有限公司2009年度在营业费用中列支应由关联企业承担的广告费36万元，列支职工预付话费8万元。

3. 邢台新光线材精制有限责任公司2009年度未及时结转固定资产，少计提折旧220万元；东北电网有限公司2009年度也存在固定资产结转不及时，少计提折旧费1476万元。

4. 瓮福达州化工有限责任公司2008年至2010年使用31张虚假发票列支装修材料费用等支出173万元。

5. 大连橡胶塑料机械股份有限公司2009年及以前年度少计提坏账准备924万元；吉林吉恩镍业股份有限公司2009年对已终止经营、形成损失的长期股权投资少计提减值准备198万元；长春汽车贸易城开发集团股份有限公司2009年少计提长期股权投资减值准备1984万元，少计提坏账准备357万元。

6. 大连华信信托股份有限公司2009年度以发票报销形式在业务及管理费中列支管理人员办公交通费、职工节假日福利费等271万元；2009年在职工福利费、会议费中列支招待费222万元。

7. 哈尔滨九洲电气股份有限公司将2008年发生的销售费用、管理费用等共计422万元计入2009年度；北京中信房地产有限公司将以前年度发生的销售费用2106万元计入2009年度。

8. 上海汽车集团股份有限公司2009年变更部分固定资产折旧年限增加折旧费用2.18亿元；以修理为由冲回已开增值税发票车辆3182辆。

9. 上海南江有限公司少计2009年度主营业务收入1820万元；2009年在管理费用中列支应由其他单位和个人承担的费用1226万元；未按协议约定核算利息收入，少计利息收入2248万元；代其子公司华丽家族股份有限公司承担1.43亿元债务。

10. 厦门三维丝环保股份有限公司将2010年实现的收入在2009年提前确认，多计2009年主营业务收入101万元；将2008年发生的期间费用105万元计入2009年度；将备用金628万元存入员工个人账户。

11. 山东黄金矿业股份有限公司下属山东金洲矿业集团有限公司少计营业外收入173万元；下属新城金矿多计2007年主营业务成本137万元，多计2008年主营业务成本132万元，多计2009年主营业务成本76万元。

请分析讨论：

(1)上述事项分别将对哪些会计要素产生什么影响？

(2)这些公司如此进行会计核算的动机可能是什么？这样进行会计处理将损害哪些利益相关者的利益？

八、综合题

新发公司为上市公司，2017年相关经济业务及会计处理如下：

(1)2017年12月31日，与甲公司签订了一份销售合同，约定新发公司采用分期收款方式向甲公司销售设备1套，价款为2000万元，分4次于以后的4年内等额收取(每年年末收款一次)。该设备生产成本为1200万元，在现销方式下，该设备的销售价格为1700万元。2017年12月31日，新发公司将该设备运抵甲公司且经甲公司验收合格。

新发公司在2017年财务报表中确认收入2000万元和结转已售商品成本1200万元。

(2)2017 年 12 月 1 日，与丙公司签订销售合同，将成本为 850 万元的一批产品，以 1100 万元的价格销售给丙公司，同时约定于 2018 年 4 月 1 日以 1300 万元的价格回购。新发公司于当日将该批产品交付丙公司，丙公司验收合格并入库。

新发公司在 2017 年财务报表中确认收入 1100 万元和结转已售商品成本 850 万元。

(3)2017 年 11 月 1 日与丁公司签订合同建造一项设备，合同总价款为 200 万元支付条款如下：①在合同签订之初支付 10%的合同价款；②50%的合同对价在整个建造期间逐步收取；至 2017 年 12 月 31 日，收取已收取合同价款 60 万元，发生成本为 40 万元；③剩余 40%合同对价在建造完成并且设备已通过测试后支付；④除非新发公司违约，否则已支付的合同价款不可退回；⑤如果丁公司终止合同，新发公司只能获得客户按照相应进度已支付的价款；⑥新发公司没有向丁公司要求获取合同规定以外的进一步补偿的权利。

新发公司在 2017 年财务报表中确认收入 60 万元和结转已售商品成本 40 万元。

假定不考虑增值税等相关税费及其他因素。

要求：

根据资料(1)至(3)，逐项判断新发公司的会计处理是否正确，并说明理由，如果会计处理不正确，编制更正新发公司 2017 年度财务报表的会计分录。

第7章参考答案

一、填空题

1. 管理费用　销售费用　财务费用　2. 直接材料　直接人工　制造费用　3. 生产成本　制造费用　4. 消费税　资源税　城建税　教育费附加　5. 总价法　财务费用　6. 合同约定的收款日期
7. 主营业务成本　库存商品　8. 应纳税所得额

二、判断改错题

1. √　2. ×　3. √　4. ×　5. ×　6. √　7. ×　8. ×
9. ×　10. ×　11. √　12. √　13. ×　14. √　15. √

三、单项选择题

1. A　2. A　3. A　4. A　5. C　6. C　7. C　8. A　9. D
10. C　11. B　12. C　13. A　14. B　15. C　16. B　17. A
18. C　19. D　20. C　21. C　22. A　23. B　24. B　25. A
26. A　27. C　28. A

四、多项选择题

1. AD　2. ABD　3. AB　4. AC　5. AB　6. BCD　7. ABC
8. AB　9. ABD　10. CD　11. AB　12. AC　13. ABD　14. BD
15. BCD　16. AD　17. ABD　18. BD　19. ABCD　20. ABD
21. ABCD　22. ACD　23. BCD　24. AC　25. ACD　26. ABD

27. ABC　28. ABC

五、计算分析题

1. 练习期间费用的确认与计量

(1)

①发生无形资产研究费用最终应计入管理费用；

②发生专设销售部门人员工资应计入销售费用；

③支付的业务招待费应计入管理费用；

④支付的销售产品保险费应计入销售费用；

⑤本月应交纳的城市维护建设税应计入税金及附加；

⑥计提出租房地产折旧应计入其他业务成本；

⑦支付本月未计提短期借款利息应计入财务费用。

(2)该企业 3 月份发生的期间费用总额＝10＋25＋15＋5＋0.1＝55.1(万元)。

2. (1)2×16 年 1 月 1 日

奖励积分公允价值＝100000×9800/109800＝8925(元)

应确认收入＝100000×100000/109800＝91075(元)

借:银行存款　　100000

　贷:主营业务收入　　91075

　　　合同负债　　8925

(2)2×16 年度 A 公司确认奖励积分的收入＝8925×4800/9500＝4509(元)。

借:合同负债　　4509

　贷:主营业务收入　　4509

(3)2×17 年度 A 公司确认奖励积分的收入＝8925×8700/9700－4509＝3496(元)。

借:合同负债　　3496

　贷:主营业务收入　　3496

(4)2×18 年度，因未兑换奖励积分到期失效，则当年兑换部分以及尚未兑换部分，均应确认为收入，则A公司确认奖励积分的收入=8925－4509－3496=920(元)。

借:合同负债　　920

　贷:主营业务收入　　920

【提示】①年末合同负债分摊计入收入的金额=奖励积分公允价值×当年实际兑换部分/预计将被兑换总数－上一年已经分摊的金额;②奖励积分失效时,应将合同负债余额一次确认为当期收入。

3. 按权责发生制和收付实现制列表计算本月(4月份)的收入和费用

本月收入和费用计算表　　单位:元

项目	权责发生制		收付实现制	
	收入	费用	收入	费用
1	50000		30000	
2			2000	
3				3000
4			20000	
5		800		
6				1000
7				2400
合计	50000	800	52000	6400

4. 练习收入确认计量及现金折扣的核算

(1)甲公司销售商品时

借:应收账款　　2106000

　贷:主营业务收入　　1800000

　　应交税费——应交增值税(销项税额)　　306000

(2)①乙公司在3月8日付款,享受36000的现金折扣(即1800000×2%),

借:银行存款　　2070000
　财务费用　　36000
　贷:应收账款　　2106000

②乙公司在3月19日付款,享受18000的现金折扣(即1800000×1%),

借:银行存款　　2088000
　财务费用　　18000
　贷:应收账款　　2106000

③乙公司在3月29日付款,不能享受折扣,应全额付款

借:银行存款　　2106000
　贷:应收账款　　2106000

5. 练习利润的计算和结转分录的编制。

(1)编制期末结转分录:

借:主营业务收入　　300000
　其他业务收入　　20000
　投资收益　　6000
　营业外收入　　7640
　贷:本年利润　　333640

借:本年利润　　243860
　贷:主营业务成本　　130000
　　税金及附加　　15000
　　其他业务成本　　18000
　　销售费用　　8000
　　财务费用　　5000
　　管理费用　　18000
　　营业外支出　　5640
　　所得税费用　　44220

(2)计算营业利润、利润总额及净利润的数额。

营业利润=(300000+20000)-(130000+18000)-15000-

8000－18000－5000＋6000＝132000(元)

利润总额＝132000＋(7640－5640)＝134000(元)

净利润＝134000－44220＝89780(元)

六、业务题

1. 练习制造费用的分配

(1)编制会计分录：

①借:生产成本——A	5000	
——B	3000	
制造费用	600	
管理费用	400	
贷:原材料		9000
②借:生产成本——A	3000	
——B	4000	
制造费用	1000	
管理费用	2000	
贷:应付职工薪酬		10000
③借:生产成本——A	420	
——B	560	
制造费用	140	
管理费用	280	
贷:应付职工薪酬		1400
④借:制造费用	2500	
管理费用	1500	
贷:累计折旧		4000
⑤借:制造费用	600	
管理费用	500	
贷:银行存款		1100
⑥借:生产成本——A	2500	

——B 3500

制造费用 1000

贷:银行存款 7000

⑦借:制造费用 100

贷:库存现金 100

⑧借:生产成本——A 2376

——B 3564

贷:制造费用 5940

(2)制造费用分配率=(600+1000+140+2500+600+1000+100)÷10000=0.594

制造费用分配表

产品名称	生产工时(小时)	分配率	分配金额(元)
A 产品	4000	0.594	2376
B 产品	6000	0.594	3564
合　计	10000		5940

2. 练习生产过程的核算和产品成本的计算

(1)编制会计分录。

①借:生产成本——甲 150000

——乙 30000

制造费用 2000

管理费用 1000

贷:原材料——A 131000

——B 17000

——C 28000

——辅助材料 7000

②借:生产成本——甲 50000

——乙 40000

制造费用 2000

管理费用　　　　　　　　　　　　　　20000
贷:应付职工薪酬　　　　　　　　　　　112000
③借:生产成本——甲　　　　　　　　　　7000
——乙　　　　　　　　　　5600
制造费用　　　　　　　　　　　　　　280
管理费用　　　　　　　　　　　　　　2800
贷:应付职工薪酬　　　　　　　　　　　15680
④借:库存现金　　　　　　　　　　　　112000
贷:银行存款　　　　　　　　　　　　　112000
⑤借:生产成本——甲　　　　　　　　　　1500
——乙　　　　　　　　　　1000
管理费用　　　　　　　　　　　　　　1500
贷:银行存款　　　　　　　　　　　　　4000
⑥借:制造费用　　　　　　　　　　　　200
贷:库存现金　　　　　　　　　　　　　200
⑦借:预付账款　　　　　　　　　　　　480
贷:银行存款　　　　　　　　　　　　　480
⑧借:制造费用　　　　　　　　　　　　3000
管理费用　　　　　　　　　　　　　　2000
贷:累计折旧　　　　　　　　　　　　　5000
⑨借:制造费用　　　　　　　　　　　　600
贷:库存现金　　　　　　　　　　　　　600
⑩借:制造费用　　　　　　　　　　　　290
贷:预付账款　　　　　　　　　　　　　290
⑪借:财务费用　　　　　　　　　　　　300
贷:应付利息　　　　　　　　　　　　　300
⑫借:生产成本——甲　　　　　　　　　　4650
——乙　　　　　　　　　　3720
贷:制造费用　　　　　　　　　　　　　8370

⑬借:库存商品——甲	213150	
——乙	80320	
贷:生产成本——甲		213150
——乙		80320

3. 练习销售业务的核算

(1)借:应收账款	4520000	
贷:主营业务收入		4000000
应交税费——应交增值税(销项税额)		520000
借:主营业务成本	2000000	
贷:库存商品		2000000
(2)借:预收账款	600000	
银行存款	191000	
贷:其他业务收入		700000
应交税费——应交增值税(销项税额)		91000
借:其他业务成本	500000	
贷:原材料		500000
(3)借:主营业务收入	1600000	
应交税费——应交增值税(销项税额)	208000	
贷:银行存款		1808000
借:库存商品	800000	
贷:主营业务成本		800000
(4)借:银行存款	300000	
贷:预收账款		300000
(5)借:税金及附加	52700	
贷:应交税费——应交城市维护建设税		36890
——应交教育费附加		15810

4. 练习销售过程的核算、损益类账户的结转和利润分配的核算

(1)编制会计分录。

①借:银行存款	113000	

贷:主营业务收入 100000

应交税费——应交增值税(销项税额) 13000

②借:主营业务成本 70000

贷:库存商品 70000

③借:其他应付款 2000

贷:其他业务收入 2000

④借:管理费用 4000

贷:银行存款 4000

⑤借:财务费用 500

应付利息 1000

贷:银行存款 1500

⑥借:销售费用 500

贷:库存现金 500

⑦借:管理费用 3000

贷:银行存款 3000

⑧借:销售费用 15000

贷:银行存款 15000

⑨借:营业外支出 500

贷:银行存款 500

⑩借:固定资产清理 3000

累计折旧 7000

贷:固定资产 10000

借:银行存款 4000

贷:固定资产清理 4000

借:固定资产清理 1000

贷:资产处置损益 1000

⑪借:主营业务收入 230000

其他业务收入 50000

资产处置损益 1000

贷:本年利润　　281000

⑫借:本年利润　　278000

贷:主营业务成本　　200000

税金及附加　　11500

其他业务成本　　30000

财务费用　　3000

管理费用　　15000

销售费用　　18000

营业外支出　　500

⑬借:所得税费用　　750

贷:应交税费　　750

借:本年利润　　2250

贷:利润分配　　2250

⑭借:利润分配　　225

贷:盈余公积　　225

⑮借:利润分配　　1500

贷:应付股利　　1500

(2)计算营业利润、利润总额和未分配利润

营业利润＝(230000＋50000)－(200000＋30000)－11500

－3000－15000－18000

＝2500(元)

利润总额＝2500＋500＝3000(元)

未分配利润＝3000－750－225－1500＝525(元)

七、案例讨论

(一)案例分析提示

1. 请通过财政部官方网站(www.mof.gov.cn)查阅《中华人民共和国财政部会计信息质量检查公告第二十一号》全文,参考公告的定性分析。

2. 从多角度分析违规会计事项分别对资产负债表要素和利润表要素的影响。

3. 分析该事项可能产生的经济后果,哪些组织或人员可能由此获益,将对哪些组织或人员的利益产生损害。

八、综合题

事项(1)新发公司的会计处理不正确。

理由:该项业务系具有融资性质分期收款销售,应按现销价1700万元确认收入。

更正分录:

借:主营业务收入　　300

　贷:未实现融资收益　　300

事项(2)新发公司的会计处理不正确。

理由:售后回购且回购价格大于原售价,应视同融资交易进行处理,不应确认收入。

更正分录:

借:主营业务收入　　1100

　贷:其他应付款　　1100

借:发出商品　　850

　贷:主营业务成本　　850

借:财务费用　　50

　贷:其他应付款　　50(200/4)

事项(3)新发公司的会计处理不正确。

理由:按一段期间确认收入应满足公司履约过程中所产出的商品不具有可替代用途,且该企业在整个合同期间内有权就累计至今已完成的履约部分收取能够补偿其已发生成本和合理利润的款项,并且该权利具有法律约束力。该项业务不满足收取款项包含合理利润的条件,应按控制权转移时点确认收入。

更正分录:

借:主营业务收入　　60
　贷:预收账款　　60
借:库存商品　　40
　贷:主营业务成本　　40

第 8 章　财务报表

一、填空题

1. 企业提供给会计信息使用者，最能系统总括的反映其财务状况和经营成果的会计资料是__________。

2. 固定资产的抵减项目是__________。

3. 反映某一时刻财务状况的财务报表是__________。

4. 资产负债表提供的是时点指标，主要是根据__________编制的。

5. 财务报告至少包括__________、__________、__________、__________和__________。

6. 资产负债表上的资产项目是按__________顺序排列的。

7. 现金流量表是以现金为基础编制的财务状况变动表，这里的现金是指企业库存现金、银行存款、其他货币资金和__________。

8. 能够影响企业现金流量的项目有：__________产生的现金流量、__________产生的现金流量、__________产生的现金流量以及汇率变动对现金的影响。

9. 利润表是根据权责发生制原则和__________原则，把一个会计期间的收入与成本、费用进行对比，从而计算出报告期净损益的报表。

10. 现金流量表是按照收付实现制原则，将__________的盈利信息调整为__________下的现金流量信息的报表。

二、判断改错题

1. (　　) 资产负债表是反映企业财务状况变动的动态报表。

2. (　　) 利润表是根据有关账户的期末余额编制的。

3. (　　) 资产负债表上的资产都是企业所拥有或控制的资产。

4. (　　) 企业对外报告的财务报表的具体格式及项目由企业自行规定。

5. (　　) 财务报表项目的金额较大,说明企业的财务状况和经营成果较好。

6. (　　) 资产负债表中“应收账款”项目应根据“应收账款”和“预收账款”账户所属明细账的期末借方余额合计填列。

7. (　　) 在编制财务报表之前必须进行总账与明细账核对。

8. (　　) 一年内到期的长期借款属于流动负债,在编制财务报表时应将其列入流动负债。

9. (　　) 所有报表在每月末都应编制完成。

10. (　　) 资产分为流动资产和非流动资产,按照其流动性由强到弱分类列示。

11. (　　)会计报表中有重要的会计信息,是企业的商业秘密,因此报表不能对外。

12.（　　）虽然资产负债表中的项目有些是根据账簿记录直接填列，有些是根据账簿记录计算填列，但它们的共同之处都是来源于账簿的期末余额。

13.（　　）增值税应在利润表的税金及附加项目中反映。

14.（　　）“预付账款”科目所属各明细科目期末有贷方余额的，应在资产负债表“应收账款”项目内填列。

15.（　　）企业一定期间的现金流量可分为经营活动的现金流量、投资活动的现金流量和筹资活动的现金流量。

16.（　　）企业财务会计报告的使用者只有投资者和债权人。

17.（　　）备查登记薄记录是企业编制资产负债表的一项资料来源。

18.（　　）“利润分配”总账的年末余额不一定与相应的资产负债表中未分配项目的数额一致。

19.（　　）披露会计政策是会计报表附注的主要内容之一。

20.（　　）所有者权益内部各个项目按照各项目的稳定程度而依次排列。

三、单项选择题

1. 编制财务报表前，要编制总分类账户试算平衡表，检查总分类账户本身登记的正确性,以及总分类账户与其所属明细账、日记账之间数字的一致性,以保证(　　)。

A. 账实相符　　B. 已调整有关账户

C. 账表相符　　D. 账账相符

2. 财务报表的指标是根据各种账户的(　　)填制的。

A. 本期发生额　　B. 期末余额

C. 本期发生额和期末余额　　D. 明细分类账余额

3. 下列各项业务中,不影响企业利润总额的是(　　)。

A. 固定资产折旧　　B. 管理人员工资

C. 确认当月贷款利息　　D. 支付所得税费用

4. 我国利润表按多步式编制,包括(　　)四个部分。

A. 营业收入、营业利润、利润总额、净利润

B. 主营业务利润、营业利润、利润总额、净利润

C. 主营业务收入、主营业务利润、应税利润额、可分配利润

D. 毛利、总利润、可分配利润、未分配利润

5. 反映某一特定期间企业经营成果的报表是(　　)。

A. 资产负债表　　B. 利润表

C. 现金流量表　　D. 财务状况变动表

6. 编制现金流量表时,企业的罚款收入应在(　　)项目反映。

A. "销售商品、提供劳务收到的现金"

B. "收到的其他与经营活动有关的现金"

C. "支付的其他与经营活动有关的现金"

D. "购买商品、接受劳务支付的现金

7. 经营活动产生的现金流量是企业通过运用所拥有的经济资源自身创造的现金流量,主要是与企业(　　)有关的现金流量。

A. 资产变动　　B. 负债变动

C. 主营业务收入　　D. 净利润

8. 资产负债表和利润表同属于(　　)。

A. 对外报表　　B. 财务状况报表

C. 财务成本报表　　　　　　　　D. 成本费用报表

9. 下列各项中，影响企业净利润实现额的是(　　)。

A. 收到投资的固定资产　　　　　B. 注销应收账款和坏账

C. 赊销商品　　　　　　　　　　D. 固定资产申请报废

10. 下列各项会计政策调整业务，不会影响企业当期营业利润的是(　　)。

A. 物价上升环境中存货发出计价从加权平均法改为先进先出法

B. 由于持股比例上升对股权投资收益确认从成本法改为权益法

C. 对用于某工程项目上新购入的设备不再采用直线法折旧，一律采用年数总和法

D. 对应收账款坏账准备的计提从期末余额百分比法改为账龄分析法

11. 资产负债表和利润分配表项目的数据直接来源于(　　)。

A. 原始凭证　　　　　　　　　　B. 记账凭证

C. 日记账　　　　　　　　　　　D. 账簿记录

12. 资产负债表中的“存货”项目，是指(　　)的期末余额。

A. 材料采购、原材料

B. 库存商品、材料采购和原材料

C. 生产成本

D. 以上都是

13. 编制资产负债表中的应付账款项目时，应考虑(　　)的期末余额。

A. “应付账款”总账户

B. “应付账款”各明细账户

C. “应付账款”的各明细账户与“预付账款”各明细账户

D. “应付账款”与“预付账款”总账户

14. 资产负债表中需要计算填列的是(　　)。

A. 交易性金融资产　　B. 货币资金
C. 累计折旧　　D. 应付职工薪酬

15. 资产负债表是反映企业在(　　)资产、负债和所有者权益情况的会计报表。

A. 某一特定时期　　B. 某一特定会计期间
C. 一定期间　　D. 某一特定日期

16. 根据“资产＝负债＋所有者权益”填列的会计报表是(　　)。

A. 资产负债表　　B. 利润表
C. 现金流量表　　D. 主营业务收支表

17. 资产负债表编制中,可以根据有关账簿记录直接填列的项目是(　　)。

A. 货币资金　　B. 存货
C. 短期借款　　D. 应收账款

18. 企业财务情况说明书不包括(　　)。

A. 企业的生产经营情况
B. 盈亏情况及利润分配情况
C. 资本结构及其变动情况
D. 会计报表重要项目注释

19. 资产负债表中的“未分配利润”项目,应(　　)。

A. 根据“本年利润”科目的余额填列
B. 根据“利润分配”科目的余额填列
C. 根据“利润分配”—未分配利润“科目的发生额填列
D. 根据“本年利润”科目和“利润分配”科目的余额计算填列

20. 下列报表中,属于对内报送的会计报表是(　　)。

A. 资产负债表　　B. 利润表
C. 现金流量表　　D. 商品生产成本表

四、多项选择题

1. 财务报告是由(　　)组成的。

A. 利润表　　B. 资产负债表

C. 现金流量表　　D. 利润分配表

E. 所有者权益变动表　　F. 附注

2. 财务报表附注中，主要披露的内容为(　　)。

A. 会计政策　　B. 财务报表项目注释

C. 分部情况　　D. 重要事项揭示

3. 通过资产负债表可以了解到(　　)。

A. 企业所掌握的经济资源及其分布情况

B. 企业资金的来源渠道及构成

C. 企业的财务实力、偿债能力和支付能力

D. 企业的财务成果及其形成过程

E. 企业一定期间利润(或亏损)的形成情况

4. 下列资产负债表项目中，可根据若干总分类账户期末余额计算填列的有(　　)。

A. 货币资金　　B. 应收账款

C. 未分配利润　　D. 其他应付款

5. 资产负债表下列项目中，能直接根据某一科目总账余额填列的有(　　)。

A. 实收资本　　B. 长期借款

C. 短期借款　　D. 资本公积

6. 下列会计报表中，反映企业财务状况的对外报表是(　　)。

A. 资产负债表　　B. 损益表

C. 现金流量表　　D. 利润分配表

E. 所有者权益变动表

7. 按照会计报表编制主体的不同，会计报表可分为(　　)。

A. 个别会计报表　　B. 合并会计报表

C. 汇总会计报表　　D. 单位会计报表

E. 商品生产成本表

8. 资产负债表包括的会计要素有(　　)。

A. 资产　　B. 负债

C. 费用　　D. 收入

E. 所有者权益

9. 会计报表按其编报时间不同,分为(　　)。

A. 中期会计报表　　B. 月份报表

C. 季度报表　　D. 年度报表

E. 半年度报表

10. 属于资产负债表左方的项目有(　　)。

A. 固定资产　　B. 流动负债

C. 长期股权投资　　D. 长期负债

E. 无形资产

11. 资产负债表中,根据若干总账科目期末余额计算填列的项目有(　　)。

A. 货币资金　　B. 存货

C. 应付债券　　D. 资本公积

E. 长期借款

12. 会计报表的编制必须做到(　　)。

A. 数字真实　　B. 计算正确

C. 内容完整　　D. 编制及时

E. 合法性

13. 会计报表可以为(　　)等有关各方提供会计信息。

A. 投资者

B. 债权人

C. 单位内部的经营管理者和职工

D. 财政、工商、税务等政府行政管理部门

E. 审计机关

14. 属于动态财务报表的有(　　)。

A. 利润表　　B. 资产负债表

C. 所有者权益变动表　　D. 现金流量表

15. 现金等价物的特点是(　　)。

A. 可用于支付　　B. 持有期限短

C. 流动性强　　D. 易于转换为已知现金

E. 价值变动风险很小

16. 编制财务报表前应当做的准备工作主要包括(　　)。

A. 期末账项调整　　B. 财产清查

C. 对账　　D. 结账

17. 利润表根据有关损益类总账账户的本期发生额或净额填列的有(　　)。

A. 税金及附加　　B. 管理费用

C. 财务费用　　D. 资产减值损失

E. 公允价值变动损益

18. 在利润表中,一般列入"税金及附加"项目中的有(　　)。

A. 增值税　　B. 消费税

C. 资源税　　D. 城市维护建设税

E. 教育费附加

19. 下列经济业务中影响现金流量的有(　　)。

A. 以银行存款购入两个月到期的债券

B. 以固定资产对外投资

C. 销售商品收到现金

D. 以现金支付工人工资

20. 下列各项中,影响投资活动现金流量的项目有(　　)。

A. 以存款购买设备

B. 购买三个月到期的短期债券

C. 购买股票

D. 取得债券利息和现金股利

21. 企业会计报表附注应包括(　　)。

A. 遵循企业会计准则的声明

B. 主要的会计政策

C. 会计报表项目注释

D. 分部情况

22. 当企业会计政策、会计估计发生变更时,应在会计报表附注披露(　　)。

A. 会计政策变更的内容和理由

B. 会计政策变更的影响数

C. 会计估计变更的影响数

D. 会计估计变更的影响数不能合理确定的理由

五、计算分析题

1. 创维公司 20×9 年 10 月有关总账账户余额如下:

(1)“原材料”账户借方余额为 210000 元。

(2)“库存商品”账户借方余额为 185000 元。

(3)“生产成本”账户借方余额为 38000 元。

(4)“材料采购”账户借方余额为 15000 元。

(5)“利润分配”账户借方余额为 510000 元。

(6)“本年利润”账户贷方余额为 850000 元。

要求:计算填列月末资产负债表“存货”和“未分配利润”项目金额。

2. 甲企业20×9年12月31日有关科目的余额如下：

应收账款——A 24000元（贷方）

——B 21000元（借方）

——C 35000元（贷方）

——D 17000元（借方）

预收账款——E 16000元（借方）

——F 25000元（贷方）

预付账款——G 42000元（贷方）

——H 31000元（借方）

计算填列资产负债表中以下项目：

(1)"应收账款"项目。

(2)"应付账款"项目。

(3)"预收账款"项目。

(4)"预付账款"项目。

3. 某企业20×9年1月1日至12月31日损益类科目累计发生额如下：

主营业务收入3750万元（贷方）；

主营业务成本1375万元（借方）；

税金及附加425万元（借方）；

销售费用500万元（借方）；

管理费用 250 万元(借方);
财务费用 250 万元(借方);
投资收益 500 万元(贷方);
营业外收入 250 万元(贷方);
营业外支出 200 万元(借方);
所得税费用 600 万元(借方)。
要求:计算该企业 20×9 年的营业利润、利润总额和净利润。

六、业务题

1. 练习资产负债表的编制

广兴公司 20×9 年 12 月 31 日的有关资料。

(1)年末结账后总分类账余额如下表:

单位：元

账户名称	年初数	年末数	账户名称	年初数	年末数
库存现金	900	1200	短期借款	125000	128000
银行存款	78100	98000	应付账款	62500	65100
应收票据	9600	10800	预收账款	2500	2900
应收账款	77400	88200	应付职工薪酬	6323	7572
预付账款	2700	3200	应付股利	19810	21100
其他应收款	5050	5800	应交税费	8427	9078
原材料	96260	112200	其他应付款	3200	3600
生产成本	89100	78400	应付利息	5640	6200
库存商品	95290	96200	累计折旧	60000	88000
固定资产	452000	497000	长期借款	220000	240000
无形资产	30000	27000	实收资本	395000	395000
利润分配	76230	81140	资本公积	2000	2000
			盈余公积	18030	36790
			本年利润	84200	93800
合　计	1012630	1099140	合　计	1012630	1099140

(2)有关明细分类账户余额如下：

	年初数(元)	年末数(元)
①应收账款明细分类账户借方余额	84000	96000
应收账款明细分类账户贷方余额	6600	7800
②应付账款明细分类账户借方余额	5500	6900
应付账款明细分类账户贷方余额	68000	72000
③长期借款账户中一年内到期借款	20000	30000

要求：根据上述资料编制资产负债表。

2. 练习利润表的编制

明达公司 20×9 年 11 月份有关科目发生额如下表：

单位:元

科目名称	借方	贷方
主营业务收入		18000
主营业务成本	6500	
销售费用	1200	
税金及附加	3000	
管理费用	1200	
财务费用	800	
投资收益		1200
营业外收入		1000
营业外支出	1500	
所得税费用	1980	

要求:根据资料编制利润表(只填列本月数)。

七、案例分析题

浙江 HK 技术股份有限公司成立于 1998 年 3 月,地点为浙江省一地级市。该公司注册资本 200 万元,主要经营计算机、办公自动化设备、通讯接收设备、安全防范报警系统、监控系统等。该公司 2019 年 6 月 30 日的资产负债表及 2019 年 6 月份的利润表如下。

资产负债表

编表单位：浙江 HK 技术股份有限公司　　2019 年 6 月 30 日　　单位：万元

流动资产：	期末数	期初数	流动负债：	期末数	期初数
货币资金	2,184,590.40	1,375,156.40	短期借款	455,231.90	339,680.40
交易性金融资产	264.10	2,055.00	交易性金融负债	135.30	3,850.10
应收票据	36,569.90	310,186.90	应付票据	80,461.60	70,595.80
应收账款	1,912,632.40	1,694,962.60	应付账款	1,013,758.20	718,788.50
应收款项融资	138,699.00		预收款项	67,120.70	61,423.70
预付款项	65,739.70	40,314.60	应付职工薪酬	125,505.40	100,757.20
其他应收款	54,016.30	49,760.80	应交税费	160,020.00	121,090.60
存货	861,120.90	550,718.30	其他应付款	101,215.50	63,091.00
一年内到期的非流动资产	35,060.30	7,685.80	一年内到期的非流动负债	1,584.20	387,834.20
其他流动资产	97,603.10	142,301.30	其他流动负债	232,085.10	68,181.70
流动资产合计	5,386,296.10	4,173,141.70	流动负债合计	2,237,117.90	1,935,293.20
非流动资产：			非流动负债：		
其他债权投资		28,746.70	长期借款	463,140.00	19,000.00

续 表

流动资产：	期末数	期初数	流动负债：	期末数	期初数
长期应收款	84,196.70	3,576.70	长期应付款	3,092.40	
长期股权投资	16,708.70	16,001.30	预计负债	8,452.90	7,448.10
其他非流动金融资产	29,600.40		递延收益	29,450.40	16,951.20
固定资产	531,638.90	407,514.30	非流动负债合计	504,135.70	43,399.30
在建工程	52,398.90	70,573.20	负债合计	2,741,253.60	1,978,692.50
无形资产	98,005.30	79,982.20	所有者权益(或股东权益)：		
商誉	26,326.40	24,643.00	实收资本(或股本)	934,795.60	922,727.00
长期待摊费用	3,240.60		资本公积	412,773.70	189,280.90
递延所得税资产	60,253.00	53,096.70	减:库存股	232,085.10	68,181.70
其他非流动资产	145,825.10	144,695.30	其他综合收益	−7,114.20	−4,057.60
非流动资产合计	1,048,194.00	828,829.40	盈余公积	446,071.20	348,374.30
			未分配利润	2,097,078.80	1,613,208.90
			归属于母公司所有者权益	3,651,520.00	3,001,351.80
			少数股东权益	41,716.50	21,926.80
			所有者权益合计	3,693,236.50	3,023,278.60
资产总计	6,434,490.10	5,001,971.10	负债和所有者权益总计	6,434,490.10	5,001,971.10

利润表

2019 年 6 月 30 日

编表单位:浙江 HK 技术股份有限公司　　　　单位:万元

项　　目	本月金额	本年累计
一、营业收入	2,392,327.30	2,087,575.80
减:营业成本	1,284,050.60	1,158,629.90
税金及附加	16,754.80	17,789.10
销售费用	321,326.00	264,939.30
管理费用	73,111.00	250,353.10
研发费用	250,480.00	
财务费用	—12,994.30	—15,852.10
其中:利息费用	9,300.20	
利息收入	29,301.30	
加:其他收益	72,256.60	83,762.60
投资收益	2,122.40	7,826.70
公允价值变动收益	186.60	—610.30
信用减值损失	—13,452.60	
资产减值损失	—8,014.40	—32,589.80
资产处置收益	81.00	376.40
二、营业利润	512,778.80	470,482.10
加:营业外收入	3,830.70	7,315.00
减:营业外支出	841.40	458.40
三、利润总额	515,768.10	477,338.70
减:所得税费用	93,392.10	66,580.30
四、净利润	422,376.00	410,758.40

会计报表注释:

1. 重要会计政策和会计估计

(1)遵循企业会计准则的声明

(2)存货

①存货发出时,采用移动加权平均法确定发出存货的实际成本

②存货盘存制度为永续盘存制

(3)固定资产从达到预定可使用状态的次月起,采用年限平均法在使用寿命内计提折旧。

2. 主要报表项目注释(人民币)

(1)应收账款共计 191.26 亿元,其中前五名的应收账款情况:

①关联方 A	601,193,815.03
②公司 A	468,243,597.23
③公司 B	102,730,820.78
④公司 C	80,489,565.50
⑤公司 D	76,426,646.65

(单位:元,下同)

账龄在一年以内的应收账款合计金额为 77.58 亿元,账龄在 1—2 年的应收账款合计金额为 10.36 亿元。

(2)预付款项共计 6.57 亿:

①账龄在 1 年以内	625,081,109.57
②账龄在 1—2 年	29,588,062.23
③账龄在 2—3 年	1,879,650.44
④账龄在 3 年以上	848,094.09

于本期末,本集团预付款项前 5 名单位合计金额为人民币 386,944,074.86 元,占预付款项期末余额合计数的比例为 58.86%。

(3)其他应收款共计 5.4 亿元,按欠款方归集的期末余额前五名的其他应收款情况 :

①税务机关	9,444,600.00	未逾期
②公司 E	8,895,785.00	逾期 1 年以内
③公司 F	7,901,632.36	未逾期
④公司 G	6,858,813.80	逾期 2—3 年

⑤公司 H　　　　　6,469,840.96　逾期2—3年

(4)存货

①原材料　　　　　2,991,163,568.32

②在产品　　　　　502,293,785.36

③库存商品　　　　4,729,721,240.66

④建造合同形成的已完工未结算资产

388,030,368.74

(5)固定资产

①房屋及建筑物　　4,130,875,723.73

②通用设备　　　　409,104,168.14

③专用设备　　　　735,719,147.47

④运输工具　　　　40,690,007.43

(6)在建工程

①治安监控点项目　300,739,645.62

②杭州创新产业园　50,840,516.83

③其他　　　　　　172,408,910.54

(7)长期待摊费用

①装修费用　　　　32,406,169.67

(8)短期借款

①保证借款　　　　4,283,318,403.27

②信用借款　　　　229,000,100.00

③质押借款　　　　40,000,000.00

(9)应付账款共计101.38亿元,具体情况如下:

①货款　　　　　　10,033,591,909.69

②应付设备款　　　103,990,220.59

于本期末,本集团无账龄超过一年的重要应付账款。

(10)其他应付款

①应付股利　　　　145,445,815.24

②其他应付款　　　866,709,224.35

(12)公司向 6095 名激励对象增发普通股股票 121,195,458 股，每股面值 1.00 元，每股发行价格为 16.98 元。该部分股票于 2019 年 1 月 17 日完成股权登记手续。因此，2019 年增加股本 121,195,458.00 元，形成资本公积 1,936,703,418.84 元。

(13)现金方式回购并注销限制性库存股 509,625 股，减少股本 509,625.00 元，减少资本公积 1,585,455.00 元。

(14)甲公司追加投资 3620.6 万元，因未验资，暂作资本公积。

第8章参考答案

一、填空题

1. 财务报表 2. 累计折旧 3. 资产负债表 4. 期末余额 5. 资产负债表 利润表 现金流量表 所有者权益变动表 报表附注 6. 变现能力由大到小 7. 现金等价物 8. 经营活动 投资活动 筹资活动 9. 收入与费用配比原则 10. 权责发生制 收付实现制

二、判断改错题

1. × 2. × 3. √ 4. × 5. × 6. √ 7. √ 8. √ 9. × 10. √ 11. × 12. √ 13. × 14. × 15. √ 16. × 17. √ 18. × 19. √ 20. √

三、单项选择题

1. D 2. C 3. D 4. A 5. B 6. B 7. C 8. A 9. C 10. C 11. D 12. D 13. C 14. B 15. D 16. A 17. C 18. D 19. D 20. D

四、多项选择题

1. ABCEF 2. ABCD 3. ABC 4. AC 5. ACD 6. ACE 7. AB 8. ABE 9. ABCDE 10. ACE 11. AB 12. ABCD 13. ABCDE 14. ACD 15. BCDE 16. ABCD 17. ABCDE

18. BCDE　19. CD　20. ACD　21. AB　22. ABCD

五、计算分析题

1.(1)存货＝210000＋185000＋38000＋15000＝448000(元)

(2)未分配利润＝850000－510000＝340000(元)

2.(1)“应收账款”项目＝21000＋17000＋16000＝54000(元)

(2)“应付账款”项目＝42000(元)

(3)“预收款项”项目＝24000＋35000＋25000＝84000(元)

(4)“预付款项”账目＝31000(元)

3.营业利润＝3750－1375－425－500－250－250＋500＝1450(万元)

(1)利润总额＝1450＋250－200＝1500(万元)

(2)净利润＝1500－600＝900(万元)

六、业务题

1.

资产负债表

编制单位:广兴公司　　20×9年12月31日　　单位:元

资产	期末余额	期初余额	负债	期末余额	期初余额
流动资产:			流动负债:		
货币资金	99,200.00	79,000.00	短期借款	128,000.00	125,000.00
交易性金融资产			交易性金融负债		
衍生金融资产			衍生金融负债		
应收票据	10,800.00	9,600.00	应付票据		
应收账款	96,000.00	84,000.00	应付账款	72,000.00	68,000.00
应收款项融资			预收款项	10,700.00	9,100.00
预付款项	10,100.00	8,200.00	合同负债		
其他应收款	5,800.00	5,050.00	应付职工薪酬	7,572.00	6,323.00
存货	286,800.00	280,650.00	应交税费	9,078.00	8,427.00
合同资产			其他应付款	30,900.00	28,650.00
持有待售资产			持有待售负债		

续　表

资产	期末余额	期初余额	负债	期末余额	期初余额
一年内到期的非流动资产			一年内到期的非流动负债	30,000.00	20,000.00
其他流动资产			其他流动负债		
流动资产合计	508,700.00	466,500.00	流动负债合计	288,250.00	265,500.00
非流动资产：			非流动负债：		
债权投资			长期借款	210,000.00	200,000.00
其他债权投资			应付债券		
长期应收款			其中：优先股		
长期股权投资			永续债		
其他权益工具投资			租赁负债		
其他非流动金融资产			长期应付款		
投资性房地产			预计负债		
固定资产	409,000.00	392,000.00	递延收益		
在建工程			递延所得税负债		
生产性生物资产			其他非流动负债		
油气资产			非流动负债合计	210,000.00	200,000.00
使用权资产			负债合计	498,250.00	465,500.00
无形资产	27,000.00	30,000.00	所有者权益(或股东权益)：		
开发支出			实收资本(股本)	395,000.00	395,000.00
商誉			其他权益工具		
长期待摊费用			其中：优先股		
递延所得税资产			永续债		
其他非流动资产			资本公积	2,000.00	2,000.00
非流动资产合计	436,000.00	422,000.00	减：库存股		

续　表

资产	期末余额	期初余额	负债	期末余额	期初余额
			其他综合收益		
			专项储备		
			盈余公积	36,790.00	18,030.00
			未分配利润	12,660.00	7,970.00
			所有者权益(或股东权益)合计	446,450.00	423,000.00
资产总计	944,700.00	888,500.00	负债和所有者权益(或股东权益)总计	944,700.00	888,500.00

2.　　利润表

编制单位:明达公司　　20×9 年 11 月　　单位:元

项　　目	本月金额	上月金额
一、营业收入	18,000.00	
减:营业成本	65,000.00	
税金及附加	3,000.00	
销售费用	1,200.00	
管理费用	1,200.00	
研发费用		
财务费用	1,800.00	
其中:利息费用	1,800.00	
利息收入		
加:其他收益		
投资收益	1,200.00	
其中:对联营企业和合营企业的投资收益		
以摊余成本计量的金融资产终止确认收益		
净敞口套期收益		
公允价值变动收益		
信用减值损失		

续　表

项　　目	本月金额	上月金额
资产减值损失		
资产处置收益		
二、营业利润	6,500.00	
加:营业外收入	1,000.00	
减:营业外支出	1,500.00	
三、利润总额	6,000.00	
减:所得税费用	1,980.00	
四、净利润	4,020.00	

七、案例分析题

上述财务报表至少存在以下错误:

1. 利润表上的时间不对。

2. 资产负债表中的"资本公积"将未验资部分列入不对。

第 9 章　财务报表分析

一、填空题

1. 财务报表分析的基本方法主要有__________、__________、__________、__________等四种。

2. 反映企业成长性的财务比率主要有__________、__________、__________、__________等。

3. 速动比率＝__________÷__________

4. 总资产周转率＝____________________÷__________

5. 净资产收益率＝__________×__________×__________

6. 权益乘数＝________________÷______________＝1/(1－__________)

二、判断改错题

1.(　　)债权人很重视偿债能力的分析，因为通过分析长短期偿债能力，可以判断企业盈利能力的高低。

2.(　　)资产运用的有效性可以用它所创造的收入来衡量。

3.(　　)当销售净利率一定时，资产净利率的高低直接取决于资产周转率的快慢。

4.(　　)流动比率、速动比率和现金比率这三个指标的相同之处是分子都相同。

5.（　　）企业营运资金余额越大，说明企业风险越小，收益率越高。

6.（　　）某公司今年与上年相比，净利润增长8%，平均资产增加7%，平均负债增加9%。可以判断，该公司净资产收益率比上年下降了。

7.（　　）当发现企业的固定资产的平均寿命延长时，通常表示该公司的固定资产偿债质量上升。

8.（　　）财务报表分析的方法最主要的是因素分解法。

9.（　　）市盈率指标对投资者进行投资决策的指导意义是建立在不健全的金融市场前提下，如果金融市场健全了，市盈率指标就不准了。

10.（　　）企业的速动资产一般指的是不包括存货的流动资产。

11.（　　）资产负债率是负债总额与资产总额的比，其中资产总额应为扣除累计折旧后的净额，负债总额是扣除需偿还的负债后的净额。

12.（　　）流动比率和速动比率之差等于现金比率。

13.（　　）企业要具有较强的立即偿还债务的能力，其现金比率不能小于1。

14.(　　)企业的不同利益关系人对资产负债率的要求不一样，在企业正常经营的情况下，债权人希望它越低越好，股东则希望它越高越好，经营者对它的要求比较客观。

15.(　　)产权比率高是低风险、低报酬的财务结构，表明债权人的利益因股东提供的资本所占比重较大而具有充分保障。

16.(　　)比较分析可以按照三个标准进行：历史标准、同业标准、预算标准。

17.(　　)经营活动业绩评价使用的利润表和现金流量表都以权责发生制为基础反映。

18.(　　)企业持有较多的货币资金，是为了购买原材料。

19.(　　)营运资金是一个绝对量指标，不利于不同企业之间的比较。

20.(　　)应收账款周转率用赊销额取代销售收入，反映资产有效性。

三、单项选择题

1. 能增强短期偿债能力的措施有(　　)。

A. 以银行存款购买材料　　B. 接受投资者的材料投资

C. 加速货款的回收　　D. 产品完工入库

2. 某公司20×9年净利润为140万元，所得税为60万元，利息费用为20万元，资产平均余额为2000万元，总资产报酬率为(　　)。

A. 7%　　B. 8%

C. 10%　　D. 11%

3. 短期偿债能力的强弱往往表现为(　　)。

A. 盈利的多少　　B. 资产的多少

C. 资产变现能力的强弱　　D. 负债总额的多少

4. 财务报表分析中最常用的一种基本方法是(　　)。

A. 因素分析法　　B. 比较分析法

C. 比率分析法　　D. 差额分析法

5. 下列指标中比率越低,说明偿债能力越强的是(　　)。

A. 营运资金与长期负债之比　　B. 利息保障倍数

C. 资产负债率　　D. 流动比率

6. 作为杜邦分析系统的核心,且综合性最强的财务分析指标是(　　)。

A. 销售净利率　　B. 总资产周转率

C. 权益乘数　　D. 净资产收益率

7. 权益乘数越大,企业的负债程度(　　)。

A. 越低　　B. 越高

C. 不确定　　D. 不变

8. 某企业 20×9 年销售收入净额为 250 万元,年末流动资产 90 万元,年初流动资产 110 万元,则该企业流动资产周转率为(　　)。

A. 2 次　　B. 2.22 次

C. 2.5 次　　D. 2.78 次

9. 实际发生坏账,用坏账准备金冲销债权时(　　)。

A. 流动比率下降　　B. 速动比率不变

C. 现金比率下降　　D. 营运资金减少

10. 某企业期末货币资产为 160 万元,期末流动负债为 240 万元,期末流动资产为 320 万元,则该企业现金比率为(　　)。

A. 50%　　B. 66.67%

C. 133.33%　　D. 200%

11. 甲公司去年的销售净利率为5%，资产周转率为2.4次；今年的销售净利率为5.4%，资产周转率为2.2次，资产负债率没有发生变化，则今年的净资产收益率比去年（　　）。

A. 升高　　B. 降低

C. 相等　　D. 无法确定

12. 如果资产负债率为60%，则产权比率为（　　）。

A. 160%　　B. 150%

C. 140%　　D. 66.67%

13. 如果产权比率为1.2，则权益乘数为（　　）。

A. 0.6　　B. 1.2

C. 2.2　　D. 无法计算

14. 销售毛利率＝1－（　　）。

A. 变动成本率　　B. 销售成本率

C. 成本费用率　　D. 销售利润率

15. 资产变换为现金的速度，称为资产的（　　）。

A. 收益性　　B. 安全性

C. 流动性　　D. 变化性

16. 酸性测试比率，实际上就是（　　）。

A. 流动比率　　B. 现金比率

C. 保守速动比率　　D. 速动比率

17. 企业的长期偿债能力主要取决于（　　）。

A. 资产的短期流动性　　B. 获利能力

C. 资产的多少　　D. 债务的多少

18. 资产运用效率，是指资产利用的有效性和（　　）。

A. 完整性　　B. 充分性

C. 真实性　　D. 流动性

19. 企业为股东创造财富的主要手段是增加（　　）。

A. 自由现金流量　　B. 净利润

C. 净现金流量　　D. 营业收入

20. 确定现金流量的计价基础是(　　)。

A. 权责发生制　　B. 应收应付制

C. 收入费用配比制　　D. 收付实现制

四、多项选择题

1. 财务报表分析过程中资料核实应做到(　　)。

A. 全面审阅财务报告和财务报表

B. 认真审阅注册会计师的审计报告

C. 特别关注审计报告中的审计结论

D. 对所有其他资料都应充分利用

2. 分析应收账款规模时应考虑的因素包括(　　)。

A. 企业的行业特点　　B. 坏账损失的风险

C. 存货销售情况　　D. 应收账款的信用政策

3. 流动比率有局限性的原因是(　　)。

A. 流动资产中存货有可能积压

B. 应收账款有可能出现呆账

C. 短期证券投资不易变现

D. 所运用的都是时点指标

4. 决定净资产收益率高低的主要因素有(　　)。

A. 销售净利率　　B. 资产周转率

C. 权益乘数　　D. 资产负债率

5. 反映所有者对债权人利益保护程度的指标有(　　)。

A. 资产负债率　　B. 产权比率

C. 净资产报酬率　　D. 有形净值债务率

E. 权益乘数

6. 关于净资产收益率的正确说法有(　　)。

A. 净资产收益率指标集中体现了资金运动速度和资金利用效率的关系

B. 企业的资产总额越高,利润越大,净资产收益率就越高

C. 净资产收益率综合反映了企业经营管理水平的高低

D. 净资产收益率等于销售净利率乘以总资产周转率

7. 企业持有货币资金的目的主要是为了(　　)。

A. 投机的需要　　B. 经营的需要

C. 投资的需要　　D. 预防的需要

8. 流动比率大于2,有可能说明(　　)。

A. 流动负债有较多的流动资产作保障

B. 企业有足够的现金来还债

C. 任何行业企业该比率都不能低于2

D. 分子分母等量增减则同比例增减

E. 流动比率过高,说明企业在资金使用上不尽合理

9. 下列计算公式正确的有(　　)。

A. 流动资产利润率＝销售利润率×流动资产周转率

B. 流动资产周转率＝商品销售收入÷流动资产平均占用额

C. 流动资产周转率＋固定资产周转率＝1

D. 存货周转率(天数)＝计算期天数÷存货周转率(次数)

10. 下列(　　)影响企业的偿债能力。

A. 资产的流动性　　B. 获利能力

C. 资金周转速度　　D. 企业经营现金流量水平

11. 流动比率为0.8,赊销一批货物,售价高于成本,其结果导致(　　)。

A. 流动比率提高　　B. 速动比率提高

C. 流动比率不变　　D. 流动比率降低

12. 已知甲公司20×9年末负债总额为800万元,资产总额为2000万元,无形资产净值为150万元,20×9年利息费用为120万元,净利润为500万元,所得税为180万元。则(　　)。

A. 20×9年末权益乘数为2.5

B. 20×9年末产权比率为2/3

C. 20×9年末有形净值债务率为76.19%

D. 20×9 年利息保障倍数为 6.67

13. 下列各项中，不会导致企业资产负债率变化的是（　　）。

A. 收回应收账款

B. 用现金购买债券

C. 接受所有者投资转入的固定资产

D. 以固定资产对外投资（按账面价值作价）

14. 在企业速动比率小于 1 时，会引起该指标上升的经济业务是（　　）。

A. 借入短期借款　　B. 赊销了一批产品

C. 支付应付账款　　D. 收回应收账款

15. 以低于账面价值的价格出售固定资产，将会（　　）。

A. 对流动资产的影响大于对速动资产的影响

B. 增加营运资金

C. 减少当期损益

D. 降低资产负债率

16. 财务报表分析具有广泛的用途，一般包括（　　）。

A. 评价公司管理业绩和企业决策

B. 判断投资、筹资和经营活动的成效

C. 预测企业未来的经营成果

D. 预测企业未来的财务状况

17. 在确定流动负债的实际数额时，需要偿还的债务不仅仅指流动负债，还包括（　　）。

A. 长期负债的到期部分

B. 长期借款

C. 在不可废除合同中的未来租金应付款数

D. 购买长期资产合同的分期付款数

18. 只是改变了企业的资产负债比例，不会改变原有的股权结构的筹资方式的是（　　）。

A. 短期借款　　B. 发行债券

C. 吸收投资　　　　　　　　D. 赊购原材料

19. 现金流量分析使用的主要方法是(　　)。

A. 财务比率分析　　　　　　B. 同业分析

C. 结构分析　　　　　　　　D. 趋势分析

20. 分析长期资本收益率指标所适用的长期资本额是指(　　)。

A. 长期负债　　　　　　　　B. 长期股票投资

C. 长期债券投资　　　　　　D. 所有者权益

五、计算分析题

1. 某公司20×9年销售成本100万元,年末流动负债60万元,流动比率为2.0,速动比率为1.2,年初存货为52万元。请计算该公司20×9年度存货周转次数。

2. 某公司部分财务数据如下:

流动负债150000元　流动比率为3　　　速动比率为2

长期负债200000元　销售收入1500000元

净利润300000元　　净资产收益率20%

要求:计算以下指标。

(1)存货。

(2)流动资产。

(3)所有者权益。

(4)资产。

(5)资产负债率。

3. 某公司 20×9 年初流通在外的普通股股份为 30 万股。4 月 1 日回购普通股 1 万股,7 月 1 日以股票股利方式发行 1 万股,11 月 1 日增发新股 6 万股。公司当年实现净利润 24 万元。公司当年发放的股利总额为 15 万元,其中优先股股利 6 万元。

要求:(1)计算该公司发行在外普通股加权平均数。

(2)计算该公司基本每股收益。

4.某公司拥有 100 万元的流动资产以及 50 万元的流动负债。下列每一笔交易对公司的流动比率有哪些影响?请分别计算出结果并同时说明理由。

(1)用 10 万元现金购买了一台机器。

(2)用 5 万元现金购买了未到期不能随时出售的债券。

(3)应收账款增加 10 万元,为避免因此带来的现金短缺,公司借入银行短期借款 10 万元。

(4)增发 20 万元的普通股,所募资金用于扩建生产线。工程合同规定当即付 15 万元,余款暂欠,年底结清。

(5)公司以赊购增加了应付账款 8 万元,用暂时节约下来的这笔款项支付已宣派尚未发放的现金股利。

(6)公司为某企业提供了 10 万元的借款担保。

六、案例分析题

经过简化的 ABC 公司 20×9 年度的资产负债表和利润表如下：

表 9-1　　　　ABC 公司资产负债表

20×9 年 12 月 31 日　　　　单位：万元

项　目	年初数	年末数	项　目	年初数	年末数
应收账款	100	109	流动负债合计	120	118
存货	54	125	长期借款合计	90	140
流动资产合计	264	295	非流动负债合计	90	140
非流动资产合计	176	295	负债合计	210	258
			所有者权益合计	230	332
资产总计	440	590	负债及所有者权益合计	440	590

说明：本年增加的利率为 8% 的长期借款 50 万元全部用于正在建设中的厂房。

表 9-2 **ABC 公司利润表**

20×9 年度　　单位:万元

项　　目	本年金额
一、营业收入(现销 60%)	2360
减:营业成本	1652
税金及附加	236
销售费用	64
管理费用	297
财务费用	10
其中:利息费用	10
加:投资收益	0
公允价值变动收益	7
资产减值损失	0
二、营业利润	
加:营业外收入	2
减:营业外支出	10
三、利润总额	
减:所得税费用	33
四、净利润	

该公司 20×8 年、20×9 年的有关财务指标如表 9-3 所示。

表 9-3

指　标	20×8 年	20×9 年
流动比率		
速动比率		
营运资金(万元)		
资产负债率		
已获利息倍数	8	
平均收现期(天)	45	
存货周转次数	15	
流动资产周转次数	7.20	
总资产周转次数	4.42	
毛利率	33.30%	
销售净利率	3.10%	
资产净利率		
权益乘数	1.60	
净资产收益率		

要求:(1)计算完成表 9-2 和表 9-3(保留两位小数);

(2)分析公司的变现能力、长期偿债能力、资产运营能力和盈利能力,并指出公司可能存在的问题。

第9章参考答案

一、填空题

1. 比较分析法　比率分析法　因素分析法　趋势分析法　2. 总资产增长率　营业收入增长率　利润增长率　资本保值增长率　3. 速动资产　流动负债　4. 营业收入　平均资产总额　5. 销售净利率　总资产周转率　权益乘数　6. 资产总额　所有者权益　资产负债率

二、判断改错题

1. ×　2. √　3. √　4. ×　5. ×　6. ×　7. ×　8. ×　9. ×　10. √　11. ×　12. ×　13. ×　14. √　15. ×　16. √　17. ×　18. ×　19. √　20. ×

三、单项选择题

1. B　2. D　3. C　4. C　5. C　6. D　7. A　8. C　9. B　10. B　11. B　12. B　13. C　14. B　15. C　16. D　17. B　18. B　19. A　20. D

四、多项选择题

1. ABC　2. ABD　3. ABCD　4. ABCD　5. ABDE　6. AC　7. ABD　8. AB　9. ABD　10. ABCD　11. AB　12. BCD　13. ABD　14. AB　15. BCD　16. ABCD　17. ACD　18. ABD

19. BCD　20. AD

五、计算分析题

1. 流动比率－速动比率＝存货÷流动负债

   存货＝60×(2－1.2)＝48(万元)

   存货周转次数＝100÷(48＋52)/2＝2(次)

2. (1)存货＝150000(元)

   (2)流动资产＝3×150000＝450000(元)

   (3)所有者权益＝300000÷20%＝1500000(元)

   (4)资产＝150000＋200000＋1500000＝1950000(元)

   (5)资产负债率＝(150000＋200000)÷1950000

   ＝17.95%

3. (1)发行在外普通股

   加权平均数＝30－1×9÷12＋1×6÷12＋6×2÷12

   ＝30－0.75＋0.5＋1＝30.75(万股)

   (2)基本每股收益＝(24－6)÷30.75≈0.585(元/股)

4. 目前的流动比率为＝100÷50＝2

   (1)流动比率 90÷50＝1.8，流动资产减少，流动负债没有变化。

   (2)流动比率为 95÷50＝1.9，流动资产减少，不能随时变现的短期投资不应作为流动资产，应扣除。流动负债没有变化。

   (3)流动比率为 120÷60＝2，流动资产和流动负债均增加了。

   (4)流动比率为 105÷55＝1.91，流动资产增加，固定资产分期付款额属于需要偿还的债务，使流动负债增加。

   (5)流动比率为 100÷50＝2，流动资产和流动负债均没有变化。

   (6)流动比率为 100÷60＝1.67，流动资产没有变化，提供借款担保产生或有负债增加流动负债。

六、案例分析题

1. 利润总额＝2360－1652－236－64－297－10＋7－8

＝100(万元)

净利润＝100－33＝67(万元)

相关指标计算结果如表 9-4 所示。

表 9-4

指　标	20×8 年	20×9 年
流动比率	2.20	2.50
速动比率	1.28	1.44
营运资金(万元)	144	147
资产负债率	47.73%	43.73%
已获利息倍数	8	8.14
平均收现期(天)	45	39.85
存货周转次数	15	14.06
流动资产周转次数	7.20	8.44
总资产周转次数	4.42	4.58
毛利率	33.30%	30%
销售净利率	3.10%	2.84%
资产净利率	13.70%	13.01%
权益乘数	1.6	1.83
净资产收益率	21.92%	23.81%

2. (1)分析公司的变现能力：从流动比率、速动比率和营运资金考察，20×8 年末的水平均高于年初水平，说明通过 20×8 年度的经营，公司变现能力和短期偿债能力有所提高，原因在于流动负债减少，流动资产增加，应进一步查明是否由于流动资产周转不灵等不利因素所致。分析长期偿债能力，资产负债率年末水平低于年初，均低于 50%，说明公司负债不足资产的一半。连续两年的已获利息倍数均在 8 以上，即公司息税前利润是应付利息的 8 倍多，故公司具有较好的长期偿债能力。

(2)分析资产管理效率：平均收现期比上年平均缩短5天多，流动资产和总资产周转均有所加快，但存货周转次数下降一次，应进一步分析其原因，是销售成本相对节约还是存货占用相对增多。

(3)分析盈利能力：公司销售毛利率、销售毛利率和资产净利率在20×9年度均有所下降，而净资产收益率却被提高，可进一步分析如下：

净资产收益率＝销售净利率×总资产周转次数×权益乘数

20×9年净资产收益率＝2.84％×4.58×1.83＝23.81％

20×8年净资产收益率＝3.10％×4.42×1.60＝21.92％

可见，净资产收益率提高的原因关键在于权益乘数和总资产周转次数的提高。其中，权益乘数增大表明负债增多，财务风险加大；总资产周转次数提高说明公司资产使用效率提高，负债增多的杠杆作用和总资产周转次数提高所带来的收益足以抵补销售净利率下降造成的损失。销售净利率的变动一般来讲与售价、成本、费用有关，结合公司销售毛利率变动(由20×8年的33.30％下降到30％)，可以看出售价和成本是造成公司销售净利率下降的主要原因，应对它们进一步调查分析。

《会计学》模拟试卷(一)

一、填空题(每空 1 分,共 10 分)

1. 复式记账法的理论基础是__________。

2. 会计的基本职能是__________和__________。

3. 企业接受捐赠资产的价值应通过__________科目反映。

4. __________是指销货企业为了鼓励客户在一定期限内早日付清货款而给予客户的一种优惠。

5. “管理费用”账户的金额,应在月末转入“__________”账户中,月末一般没有余额。

6. 建立坏账准备金是__________会计原则的本质要求。

7. 盈余公积是企业按规定从__________中提取的积累资金。

8. 固定资产账面价值=______________________________。

9. 资产负债表是反映某一特定日期__________的财务报表。

二、单项选择题(每题 1 分,共 10 分)

1. 下列对会计核算基本前提的表述中恰当的是(　　)。

A. 持续经营和会计分期确定了会计核算的空间范围

B. 一个会计主体必然是一个法律主体

C. 货币计量为会计核算提供了必要的手段

D. 会计主体确立了会计核算的时间范围

2. 如果采用收付实现制,则不需要设置(　　)账户。

A. 固定资产　　　　B. 短期借款

C. 管理费用　　　　　　　　　　D. 长期待摊费用

3. 某企业月初库存材料 60 件，每件为 1000 元，月中又购进两批，一次 200 件，每件 950 元，另一次 100 件，每件 1046 元，则月末该材料的加权平均单价为(　　)元。

A. 980　　　　　　　　　　B. 985

C. 990　　　　　　　　　　D. 1182

4. 某企业资产总额为 100 万元，当发生下列经济业务后：(1)向银行借款 10 万元存入银行；(2)用银行存款偿还应付账款 5 万元；(3)收回应收款 2 万元存入银行，其资产总额为(　　)。

A. 107 万元　　　　　　　　　　B. 105 万元

C. 117 万元　　　　　　　　　　D. 112 万元

5. 某企业出售一台设备(不考虑相关税金)，原价 160000 元，已提折旧 45000 元，出售设备时发生各种清理费用 3000 元，出售设备所得价款 113000 元。该设备的资产处置收益为(　　)元。

A. －2000　　　　　　　　　　B. 2000

C. 5000　　　　　　　　　　D. －5000

6. "应收票据"是指企业在采用(　　)结算方式下，因销售产品等而收到的票据。

A. 商业汇票　　　　　　　　　　B. 银行汇票

C. 银行本票　　　　　　　　　　D. 支票

7. 在投资企业只拥有被投资企业的所有外发普通股股票的 20％以下时，其长期股权投资的核算适用于(　　)。

A. 市价法　　　　　　　　　　B. 权益法

C. 成本法　　　　　　　　　　D. 成本与市价孰低法

8. 银行承兑汇票到期无法偿付时，出票企业应当进行的处理是(　　)。

A. 转作应付账款　　　　　　　　　　B. 转作短期借款

C. 不进行处理　　　　　　　　　　D. 转作其他应付款

9. 某企业年初未分配利润为 10000 元，本年实现净利润 80000

元，按10%提取法定盈余公积，5%提取任意盈余公积金，向投资者分配利润48000元，则年末未分配利润为（　　）元。

A. 30000　　B. 20000

C. 90000　　D. 42000

10. 下列资产负债表项目中，不可以根据相应总账账户期末余额直接填列的项目是（　　）。

A. 资本公积　　B. 短期借款

C. 应付股利　　D. 应付账款

三、多项选择题（每题2分，共10分）

1. 谨慎原则在会计上的应用有（　　）。

A. 应收账款计提坏账准备

B. 固定资产采用加速折旧法

C. 存货在物价上涨时采用后进先出法计价

D. 存货在物价上涨时采用先进先出法计价

2. 外购固定资产的入账价值包括（　　）。

A. 实际支付的买价　　B. 安装成本

C. 进口关税　　D. 运杂费

3. 下列费用中，应直接计入"生产成本"科目的有（　　）。

A. 车间管理部门领用的材料

B. 生产工人的工资

C. 生产车间水电费

D. 生产产品耗用的原材料

4. 下列各项税金通过"应交税费"科目核算的有（　　）。

A. 增值税　　B. 消费税

C. 所得税　　D. 资源税

5. 资产负债表中的"存货"项目反映的内容包括（　　）。

A. 原材料　　B. 生产成本

C. 库存商品　　D. 工程物资

四、判断改错题(每题 **2** 分,共 **16** 分)

1. (　　)所有经济业务的发生,都会引起会计等式两边发生变化。

2. (　　)某单位银行存款日记账账面余额与银行对账单余额不一致,则说明该单位与银行之间必定有一方存在记账错误。

3. (　　)企业出售商品、材料及出租包装物等获取的收入均记入“主营业务收入”账户。

4. (　　)企业按年末应收账款余额的一定比例计算的坏账准备金额,应等于年末结账后“坏账准备”科目的余额。

5. (　　)已提足折旧继续使用的固定资产应照提折旧。

6. (　　)预付货款不多的企业,可以不设“预付账款”科目,其所发生的预付货款,可通过“应收账款”科目核算。

7. (　　)期末存货少计,会使当期的利润少计。

8. (　　)企业对外报送的会计报表的具体格式及项目由企业自行确定。

五、计算分录题(凡需计算的,应列出有关的计算过程,小数点后保留两位。本大题共 54 分。)

1. 南方公司 1 月份发生下列经济业务,编制相关会计分录。(共 30 分)

(1)2 日，委托证券公司发行普通股 1000000 股，每股面值 4 元，发行价 5 元，手续费按价款的 3%收取。发行成功后，证券公司将股款全部划入南方公司银行账户。

(2)5 日，以银行存款支付前欠 M 公司的货款 326000 元。

(3)7 日，向银行取得借款 800000 元，期限 2 年。

(4)8 日，购入甲材料 5000 公斤，单价 6 元，增值税 3900 元，款项尚未支付；运杂费 500 元，用现金支付。材料已验收入库。

(5)10 日，采购员郑青出差，借支差旅费 3000 元，用现金支付。

(6)12 日，以银行存款支付今年 7 月至明年 12 月的电视广告费 480000 元。

(7)15 日，郑青出差回来，报销差旅费 2465 元，余款 535 元以现金交回。

(8)16 日，销售产品一批，价款 150000 元，增值税税率 13%，收到购货方开出的一张 3 个月期的商业承兑汇票。

(9)25 日，收到上年已作为坏账注销的应收账款 23400 元，存入银行。

(10)结转本月份甲产品的销售成本(本月共销售 1000 件，每件成本为 256 元)。

(11)30 日，进行财产清查，盘亏一批商品，商品成本为 20000 元。

(12)31 日，提取本月短期借款利息 1600 元。

(13)31 日，经批准将上述盘亏商品损失中 4000 元由仓库管理员赔偿，其余 16000 元列到管理费用进行转账处理。

(14)31 日，对无形资产进行摊销，应由本月负担的摊销额为 2500 元。

2. 20×3 年 12 月，昌达公司购入一台生产用机器设备，价款共计 100000 元，预计使用 10 年，预计净残值 4000 元，采用双倍余额递减法计提折旧。两年后(20×6 年初)，决定改用平均年限法计提折旧。计算昌达公司 20×4、20×5、20×6 年的折旧额，并编制 20×6 年 11 月份计提折旧的会计分录。(8 分)

3. 伟达公司于 9 月 9 日以银行存款购入 M 公司普通股 22000 股作为短期投资，每股市价为 9 元；10 月 15 日以每股 11 元的价格转让，转让收入扣除相关的交易费用后的所得净收入 240800 元存入银行。编制股票购入、转让的会计分录。(4 分)

4. 某企业月末各损益类账户的余额如下：主营业务收入 300000 元（贷）、主营业务成本 130000 元（借）、税金及附加 15000 元（借）、销售费用 8000 元（借）、管理费用 18000 元（借）、财务费用 5000 元（借）、其他业务收入 20000 元（贷）、其他业务成本 18000 元（借）、投资收益 6000 元（贷）、营业外收入 7640 元（贷）、营业外支出 5640 元（借）、所得税费用 44220 元（借）。要求：

（1）根据上述资料计算利润总额及净利润。

（2）编制期末结转分录。（共 7 分）

5. 西北公司持有一张 5 个月到期，面值为 80000 元的商业承兑汇票向银行贴现。该汇票的出票日为 5 月 1 日，到期日为 10 月 1 日，企业于 8 月 1 日向银行贴现，贴现率为 7%。

要求：计算应收票据的贴现额并编制会计分录。（5 分）

《会计学》模拟试卷(一)参考答案

一、填空题(每空 1 分,共 10 分)

1. 会计恒等式　2. 反映　监督　3. 营业外收入　4. 现金折扣　5. 本年利润　6. 谨慎性　7. 净利润　8. 固定资产账面价值一累计折旧一减值准备　9. 财务状况

二、单项选择题(每题 1 分,共 10 分)

1. C　2. D　3. B　4. B　5. D　6. A　7. C　8. B　9. A　10. D

三、多项选择题(每题 2 分,共 10 分)

1. ABC　2. ABCD　3. BD　4. ABCD　5. ABC

四、判断改错题(每题 2 分,共 16 分)

1. ×　2. ×　3. ×　4. √　5. ×　6. ×　7. √　8. ×

五、计算分录题(本大题共 54 分)

1. 南方公司的会计分录如下(共 30 分):

(1)借:银行存款　4850000

　　贷:股本　4000000

　　　　资本公积　850000

(2)借:应付账款　　326000
　　贷:银行存款　　326000
(3)借:银行存款　　800000
　　贷:长期借款　　800000
(4)借:原材料　　30500
　　应交税费——应交增值税(进项税额)　　3900
　　贷:应付账款　　33900
　　　库存现金　　500
(5)借:其他应收款——郑青　　3000
　　贷:库存现金　　3000
(6)借:长期待摊费用　　480000
　　贷:银行存款　　480000
(7)借:管理费用　　2465
　　库存现金　　535
　　贷:其他应收款　　3000
(8)借:应收票据　　169500
　　贷:主营业务收入　　150000
　　　应交税费——应交增值税(销项税额)　　19500
(9)借:应收账款　　23400
　　贷:坏账准备　　23400
　借:银行存款　　23400
　　贷:应收账款　　23400
(10)借:主营业务成本　　256000
　　贷:库存商品一甲产品　　256000
(11)借:待处理财产损益　　20000
　　贷:库存商品　　20000
(12)借:财务费用　　1600
　　贷:应付利息　　1600
(13)借:其他应收款　　4000

管理费用　　16000

贷:待处理财产损益　　20000

(14)借:管理费用　　2500

贷:累计摊销　　2500

2.(8分)

双倍余额递减法的折旧率=2÷10×100%=20%

20×4年的折旧额=100000×20%=20000(元)

20×5年的折旧额=(100000-20000)×20%=16000(元)

20×6年的折旧额=(100000-4000-20000-16000)÷8

=7500(元)

20×6年11月份的折旧额=7500÷12=625(元)

会计分录:

借:制造费用　　625

贷:累计折旧　　625

3.(4分)

购入股票的分录:

借:交易性金融资产　　198000

贷:银行存款　　198000

股票转让的分录:

借:银行存款　　240800

贷:交易性金融资产　　198000

投资收益　　42800

4.(7分)

营业利润=300000+20000-130000-18000-15000-8000

-18000-5000+6000=132000(元)

利润总额=132000+7640-5640=134000(元)

净利润=134000-44220=89780(元)

期末结转分录:

借:主营业务收入　　300000

其他业务收入 20000
营业外收入 7640
投资收益 6000
贷:本年利润 333640
借:本年利润 243860
贷:主营业务成本 130000
税金及附加 15000
其他业务成本 18000
销售费用 8000
管理费用 18000
财务费用 5000
营业外支出 5640
所得税费用 44220

5.(5 分)

贴现息＝80000×7％×2÷12＝933.33(元)

贴现额＝80000－933.33＝79066.67(元)

会计分录:

借:银行存款 79066.67
财务费用 933.33
贷:应收票据 80000

《会计学》模拟试卷(二)

一、填空题(每空 1 分,共 10 分)

1. 企业正确划分各期收入和费用的基本原则是__________。

2. 财产物资的盘存制度有__________和__________。

3. 账户是根据__________开设的,具有一定格式和结构,用于分类反映会计要素增减变动情况及其结果的载体。

4. __________是指销货企业为了鼓励客户在一定期限内早日付清货款而给予客户的一种优惠。

5. "制造费用"账户的金额,应在月末转入"__________"账户中,月末一般没有余额。

6. 对融资租入固定资产确认为固定资产是__________会计原则的要求。

7. 基本每股收益=________________÷________________。

8. "应收账款"账户的某一明细分类账户期末余额,若在贷方,则应计入资产负债表的__________项目。

二、单项选择题(每题 1 分,共 10 分)

1. 下列对会计核算基本前提的表述中恰当的是(　　)。

A. 持续经营表示企业将持续不断地经营下去,不会破产

B. 某企业下属分公司不能成为一个会计主体

C. 货币计量为会计核算提供了必要的手段

D. 会计主体确立了会计核算的时间范围

2. 某交易性金融资产的期末账面成本为 10000 元，公允市价为 12000 元，对其处理方法是(　　)。

A. 不做处理

B. 计提 2000 元资产减值损失

C. 增加交易性金融资产的账面价值 2000 元，并计入当期损益

D. 增加交易性金融资产的账面价值 2000 元，但不计入当期损益。

3. 某企业月初库存材料 80 件，每件为 190 元，月中又购进两批，一次 300 件，每件 220 元，另一次 120 件，每件 200 元，则月末该材料的加权平均单价为(　　)元。

A. 210.00　　　　B. 210.40

C. 190.00　　　　D. 220.00

4. 某企业资产总额为 150 万元，当发生下列经济业务后：(1)投资者以土地使用权追加投资 100 万元；(2)用银行存款偿还银行借款 20 万元；(3)收回应收款 2 万元存入银行，其资产总额为(　　)。

A. 140 万元　　　　B. 230 万元

C. 250 万元　　　　D. 240 万元

5. 与平均年限法相比，采用加速折旧法对固定资产计提折旧会使(　　)。

A. 计提折旧的初期，企业利润减少，固定资产净值减少

B. 计提折旧的初期，企业利润减少，固定资产原值减少

C. 计提折旧的后期，企业利润减少，固定资产净值减少

D. 计提折旧的后期，企业利润减少，固定资产原值减少

6. “应付票据”是指企业在采用(　　)结算方式下，因购买商品等而签发承兑的票据。

A. 商业汇票　　　　B. 银行汇票

C. 银行本票　　　　D. 支票

7. 在投资企业只拥有被投资企业的所有外发普通股股票的 50%以上，能对其实施有效控制时，其长期股权投资的核算适用

于（　　）。

A. 市价法　　B. 权益法

C. 成本法　　D. 成本与市价孰低法

8. 某企业采用一般计税方式计算缴纳增值税人，20×7 年应交各种税金为：增值税 350 万元，消费税 150 万元，城市维护建设税 35 万元，房产税 10 万元，车船使用税 5 万元，所得税 250 万元。上述各项税金应计入“税金及附加”账户的金额为（　　）万元。

A. 800　　B. 200

C. 550　　D. 185

9. 某企业年初未分配利润为 100 万元，本年净利润为 1000 万元，按 10%计提法定盈余公积，按 5%计提任意盈余公积，宣告发放现金股利为 80 万元，该企业期末未分配利润为（　　）万元。

A. 855　　B. 867

C. 870　　D. 874

10. 下列资产负债表项目中，不可以根据相应总账账户期末余额直接填列的项目是（　　）。

A. 资本公积　　B. 短期借款

C. 应付股利　　D. 应付账款

三、多项选择题（每题 **2** 分，共 **10** 分）

1. 反映企业营运能力的基本指标有（　　）。

A. 资本金利润率　　B. 存货周转率

C. 流动比率　　D. 应收账款周转率

E. 市盈率

2. 外购固定资产的入账价值包括（　　）。

A. 实际支付的买价　　B. 安装成本

C. 增值税　　D. 运杂费

3. 下列费用中，应计入“制造费用”科目的有（　　）。

A. 车间管理部门领用的材料

B. 生产工人的工资

C. 生产车间水电费

D. 生产产品耗用的原材料

4. 下列各项,构成企业留存收益的有(　　)。

A. 资本溢价　　B. 未分配利润

C. 任意盈余公积　　D. 法定盈余公积

5. 资产负债表中的“货币资金”项目反映的内容包括(　　)。

A. 库存现金　　B. 其他货币资金

C. 银行存款　　D. 备用金

四、判断改错题(每题 **2** 分,共 **10** 分)

1. (　　)不论经济业务如何发生,会计等式永远成立。

2. (　　)期末存货少计,会使当期的利润少计。

3. (　　)根据会计核算的谨慎性原则,企业对可能发生的费用和损失,以及可能实现的收入,应当合理预计,并予以入账。

4. (　　)“其他应收款”科目核算企业除应收票据、应收账款、预付账款以外的其他各种应收暂收款项。

5. (　　)企业流动比率为 2 时,向银行借入短期借款 50000 元,不会引起流动比率发生变化。

五、会计分录题(共 40 分)

1. 南方公司 1 月份发生下列经济业务,请编制相关会计分录。(16 分)

(1)3 日,向银行取得借款 800000 元,期限 2 年。

(2)5 日,以银行存款支付前欠 M 公司的货款 326000 元。

(3)7 日,采购员胡勇出差,借支差旅费 8000 元,用现金支付。

(4)8 日,用银行存款向税务部门交纳增值税 68000 元。

(5)15 日,收到客户交来的包装物押金 3000 元现金。

(6)30 日,结转本期销售产品的成本 486000 元。

(7)30 日,计算本月应交的教育费附加款为 5836 元。

(8)月末计算提取本月短期借款利息 1800 元。

2. 星海公司采用一般计税方式计算缴纳增值税，请为其编制下列业务的会计分录。(24 分)

(1)委托证券公司发行普通股 1000000 股，每股面值 1 元，发行价 5 元，手续费按价款的 3%收取。发行成功后，证券公司将股款全部划入南方公司银行账户。

(2)向 A 公司销售一批产品，销售价总额为 100000 元，增值税额为 13000 元。产品已发出，同时收到 A 公司交来的一张面值为 113000 元、为期 3 个月的商业承兑汇票。

(3)材料仓库发出原材料 75000 元，其中生产甲产品消耗 52000 元、乙产品耗用 22600 元，车间一般性消耗 400 元。

(4)购入甲材料 5000 公斤，单价 6 元，增值税 3900 元，款项尚未支付；运杂费 500 元，用现金支付。材料已验收入库。

(5)为安装生产设备以银行存款支付工程款 125000 元，领用材料 43000 元。

(6)计算分配本月职工工资，其中生产工人工资 120000 元，车间管理人员工资 20000 元，企业管理人员工资 60000 元。

(7)职工王维出差回来，报销差旅费 2465 元，余款 535 元以现金交回。

(8)偿还已到期的短期借款本息 106000 元，其中本金 100000 元，利息 6000 元(已预提)。

六、计算分析题(共 20 分)

1. 伟达公司于 9 月 9 日以银行存款购入 M 公司普通股 22000 股，不打算长期持有，每股市价为 9 元，另支付相关税费 950 元；10 月 15 日以每股 11 元的价格转让，转让收入扣除相关的交易费用后的所得净收入 240800 元存入银行。

要求：编制股票购入、转让的会计分录。(6 分)

2. 西北公司持有一张 5 个月到期，面值为 80000 元的商业承兑汇票，票面利率为 5%。该汇票的出票日为 5 月 1 日，到期日为 10 月 1 日，企业于 8 月 1 日向银行贴现，贴现率为 7%。

要求：计算应收票据的贴现净额并编制会计分录。（6 分）

3. 资料：某公司 20×6 年 1 月 1 日有关项目金额分别为：流动资产 120 万元，非流动资产 180 万元，流动负债 50 万元，长期负债 85 万元，所有者权益 165 万元。该公司 20×6 年度发生下列经济业务：

（1）从银行借入长期借款 30 万元，该借款用于生产经营周转。

（2）年末用银行存款支付长期借款利息 3 万元。

（3）用银行存款 15 万元购入一项专利技术。

（4）经股东大会决议，用以前年度未分配利润 10 万元分派现金股利。公司于年末宣告分派现金股利，应付股利尚未支付。

（5）经批准用资本公积 20 万元转增股本。

按税法有关规定，该公司 20×6 年享受免征所得税优惠政策。

要求：（1）计算流动资产、非流动资产、流动负债、长期负债和所有者权益的年末数。

（2）计算年末资产负债率和流动比率，并简单评价企业的偿债能力。

（答案中金额单位用万元表示，有关比率计算结果如果有小数的，保留两位。8 分）

《会计学》模拟试卷(二)参考答案

一、填空题(每空 1 分,共 10 分)

1. 权责发生制 2. 实地盘存制 永续盘存制 3. 会计科目 4. 现金折扣 5. 生产成本 6. 实质重于形式 7. 净利润—优先股股利 发行在外的普通股加权平均数 8. 预收账款

二、单项选择题(每题 1 分,共 10 分)

1. C 2. C 3. B 4. B 5. A 6. A 7. C 8. B 9. C 10. D

三、多项选择题(每题 2 分,共 10 分)

1. BD 2. ABD 3. AC 4. BCD 5. ABC

四、判断改错题(每题 2 分,共 10 分)

1. √ 2. √ 3. × 4. × 5. ×

五、会计分录题(共 40 分)

1. 南方公司 1 月份发生下列经济业务,请编制相关会计分录。(16 分)

(1)借:银行存款 800000

贷:长期借款 800000

(2)借:应付账款　32600
　　贷:银行存款　32600
(3)借:其他应收款　8000
　　贷:库存现金　8000
(4)借:应交税费　68000
　　贷:银行存款　68000
(5)借:库存现金　3000
　　贷:其他应付款　3000
(6)借:主营业务成本　486000
　　贷:库存商品　486000
(7)借:税金及附加　5836
　　贷:应交税费　5836
(8)借:财务费用　1800
　　贷:应付利息　1800

2. 星海公司为一般纳税人企业,请为星海公司编制下列业务的会计分录。(24 分)

(1)借:银行存款　4850000
　　贷:股本　1000000
　　　资本公积　3850000
(2)借:应收票据　113000
　　贷:应交税费——应交增值税(销项税额)　13000
　　　主营业务收入　100000
(3)借:生产成本——甲产品　52000
　　生产成本——乙产品　22600
　　制造费用　400
　　贷:原材料　75000
(4)借:原材料　30500
　　应交税费——应交增值税(进项税额)　3900
　　贷:应付账款　33900

库存现金　500

(5)借:在建工程　168000

贷:原材料　43000

银行存款　125000

(6)借:生产成本　120000

制造费用　20000

管理费用　60000

贷:应付职工薪酬　200000

(7)借:库存现金　535

管理费用　2465

贷:其他应收款　3000

(8)借:应付利息　6000

短期借款　100000

贷:银行存款　106000

六、计算分析题(共 20 分)

1. (1)借:交易性金融资产　198000

投资收益　950

贷:银行存款　198950

(2)借:银行存款　240800

贷:交易性金融资产　198000

投资收益　42800

2. (1)票据到期值＝80000＋80000×5%/12×5

＝81666.67(元)

贴现息＝81666.67×7%/12×2＝952.78(元)

贴现净额＝81666.67－952.78＝80713.89(元)

(2)借:银行存款　80713.89

贷:应收票据　80000.00

财务费用　713.89

3. (1)流动资产＝120＋30－3－15＝132(万元)

非流动资产＝180＋15＝195(万元)

流动负债＝50＋10－3＝57(万元)

长期负债＝85＋30＝115(万元)

所有者权益＝165－10＝155(万元)

(2)资产负债率＝(57＋115)/(132＋195)＝52.60%

流动比率＝132/57＝2.32

企业负债占资产的52.60%,每1元流动负债有2.32元的流动资产作为保障,企业的偿债能力较好。

《会计学》模拟试卷(三)

一、填空题(每空 1 分,共 10 分)

1. 构成资产负债表上的会计要素项目包括__________、__________和所有者权益,共同反映了企业某一时日的财务状况。

2. 谨慎性原则要求对可能发生的__________应当合理预计,并予以入账;而对可能取得的__________,则不能提前入账。

3. 借贷记账法的试算平衡方法有__________和__________两种。

4. 货币资金的项目包括库存现金、银行存款和__________。

5. 某企业销售某商品 10000 元,付款条件为 2/10,1/20,n/30,试问 10 天内收款,可收到的金额为__________元。

6. 速动比率=__________÷__________。

二、单项选择题(每题 1 分,共 10 分)

1. 企业收到一张面值为 50000 元,期限 4 个月的不带息商业汇票,持有一个月后向银行贴现,贴现率 8%,则贴现利息为(　　)。

A. 333　　B. 1000

C. 1333　　D. 4000

2. 为了及时掌握各项财产物资的增减变动和结存情况,一般应采用(　　)。

A. 权责发生制　　B. 实地盘存制

C. 收付实现制　　D. 永续盘存制

3. 银行存款余额调节表可以作为(　　)。

A. 记账依据　　B. 原始依据

C. 账实核对的依据　　D. 调节账簿的依据

4. 下列各项中不能计入材料采购成本的是(　　)。

A. 材料采购途中的运杂费

B. 采购材料时所支付的增值税

C. 运输途中的合理损耗

D. 入库前的挑选整理费

5. 某企业资产总额为100万元,当发生下列经济业务后:(1)向银行借款10万元存入银行;(2)用银行存款偿还应付账款5万元;(3)收回应收款2万元存入银行,其资产总额为(　　)。

A. 107万元　　B. 105万元

C. 117万元　　D. 112万元

6. 下列经济业务发生,使资产和权益项目同时减少的有(　　)。

A. 企业赊购原材料　　B. 收到国家投入资本金

C. 以银行存款偿还应付账款　　D. 收到短期借款存入银行

7. 企业销售某商品,价目表中报价为10000元,商业折扣为5%,付款条件为2/10,1/20,n/30,在总价法下,应收账款的入账金额为(　　)。

A. 10000元　　B. 9500元

C. 9800元　　D. 9719元

8. 多计固定资产折旧将使报表中(　　)。

A. 资产的价值偏低　　B. 资产的价值虚增

C. 负债增加　　D. 对资产及负债均不产生影响

9. 存货归属划分的标准为(　　)。

A. 所有权　　B. 购买地点

C. 存放地点　　D. 交货时间

10. “生产成本”账户的期末借方余额表示(　　)。

A. 完工产品成本　　B. 本月生产费用合计

C. 期末在产品成本　　D. 库存产品成本

三、多项选择题(每题 2 分,共 10 分)

1. 下列错误中,(　　)不能通过试算平衡发现。

A. 某项经济业务未入账

B. 某项业务中应借应贷的方向颠倒

C. 借贷双方同时等额多计了经济业务的金额

D. 借贷双方中一方多计金额,另一方少计金额

2. 下列项目属于其他货币资金项目的有(　　)。

A. 外埠存款　　B. 预收账款

C. 信用证存款　　D. 银行汇票存款

3. 下列会计报表中属于对外报送的主要报表有(　　)。

A. 资产负债表　　B. 利润表

C. 所有者权益变动表　　D. 现金流量表

4. 下列各项属于现金开支范围的有(　　)。

A. 工资和福利费　　B. 个人劳务报酬

C. 出差人员必须随身携带的差旅费　　D. 消费税

5. 计入“税金及附加”的税金包括(　　)。

A. 资源税　　B. 消费税

C. 城市维护建设税　　D. 所得税

四、判断改错题(每题 2 分,共 10 分)

1. (　　) 所有经济业务的发生,都会引起会计等式两边发生变化。

2. (　　) 期末存货少计,会使当期的利润少计。

3.（　　）企业为客户提供的现金折扣应在实际发生时冲减当期收入。

4.（　　）当一笔经济业务发生时，在总分类账上登记了，就不用在明细分类账上登记；在明细分类账上登记了，就不用在总分类账上登记。

5.（　　）企业当期发生的制造费用和销售费用都计入生产产品的成本。

五、会计分录题（第 1 题 16 分，第 2 题 24 分，共 40 分）

1. 请为乙公司 20×7 年 8 月发生的下列业务编写会计分录。

(1)以银行存款 200000 元购入不需要安装的设备一台，设备已交付使用。

(2)收到投资者的无形资产投资，双方协议确认的价值为 500000 元。

(3)企业采购员预借差旅费 600 元。

(4)企业采购员出差归来报销差旅费 600 元（原已借款 600 元）。

(5)以银行存款交纳上月应交所得税 10000 元。

(6)购买管理部门办公用品 800 元,以现金支付。

(7)用银行存款预付丁公司的货款 30000 元。

(8)产品完工入库,结转完工产品生产成本 40000 元。

2. 请为某企业 10 月份发生的以下业务分别编制会计分录。(该企业采用一般计税方式计算缴纳增值税人)

(1)企业收到国家投入货币资金 50000 元,存入银行;其他法人企业以机器设备投入 20000 元,双方确认其价值为 20000 元。

(2)当月制造 A 产品领用材料 30000 元,制造 B 产品领用材料 70000 元,车间一般消耗领用材料 10000 元。

(3)计算当月应付职工工资:A 产品工人工资 40000 元,B 产品工人工资 30000 元,车间管理人员工资 10000 元,厂部管理人员工资 15000 元。

(4)计提当月折旧费 30000 元,其中车间厂房、设备折旧费 20000 元,厂部管理部门所用固定资产的折旧费 10000 元。

(5)当月 A、B 两种产品生产工时分别为 6000 小时和 4000 小时，按生产工时比例分配并结转制造费用 40000 元。

(6)销售 A 产品一批，增值税专用发票注明价款 100000 元，增值税税额 13000 元，款项已通过银行收讫。

(7)购买甲材料 25 吨，价款 20000 元，增值税额 2600 元；乙材料 35 吨，价款 35000 元，增值税额 4550 元，企业开出了一张商业承兑汇票。

(8)用现金支付上述购买甲、乙材料的运杂费 3000 元，运杂费按材料的重量比例分配。

六、计算分析题(第 **1** 题 **6** 分，第 **2**、**3** 题每题 **7** 分，共 **20** 分)

1. 某公司采用成本与可变现净值孰低法按单项存货于期末计提存货跌价准备。20×7 年 12 月 31 日，该公司拥有甲、乙两种商品，成本分别为 240 万元、320 万元。甲商品的市场销售价格为 280 万元，乙商品的市场销售价格为 300 万元。该公司预计销售甲、乙商品尚需分别发生销售费用 12 万元和 15 万元，不考虑其他相关税费；截至 20×7 年 11 月 30 日，该公司尚未为甲、乙商品计提存货跌价准备。

要求：判断 20×7 年 12 月 31 日甲、乙商品是否发生减值？如发生减值，计算该公司应计提的存货跌价准备金额，并编制会计分录。

2. 某企业于 20×0 年末购入机器一台并投入生产使用，设备原值 95000 元，预计净残值 5000 元，预计使用年限为 3 年。

要求：(1)按年数总和法计算 20×1—20×3 年各年的折旧额。

(2)计算 20×1 年 2 月的月折旧额，并编写会计分录。

3. 某企业 20×0 年度决算时，各损益类账户 12 月份本期发生额如下表：

单位：元

账户名称	结账前余额	账户名称	结账前余额
主营业务收入	300000(贷)	其他业务收入	20000(贷)
税金及附加	15000(借)	其他业务成本	18000(借)
主营业务成本	130000(借)	投资收益	6000(贷)
销售费用	8000(借)	营业外收入	7640(贷)
管理费用	18000(借)	营业外支出	5640(借)
财务费用	5000(借)	公允价值变动损益	5000(贷)

要求：(1)计算该企业的营业利润。

(2)计算该企业的利润总额。

(3)该企业不存在纳税调整事项，试计算该企业的净利润(所得税率为25%)。

《会计学》模拟试卷(三)参考答案

一、填空题(每空 1 分,共 10 分)

1. 资产　负债　2. 费用　收入　3. 发生额试算平衡　余额试算平衡　4. 其他货币资金　5. 9800　6. 速动资产　流动负债

二、单项选择题(每题 1 分,共 10 分)

1. B　2. D　3. C　4. B　5. B　6. C　7. B　8. A　9. A　10. C

三、多项选择题(每题 2 分,共 10 分)

1. ABC　2. ACD　3. ABCD　4. ABC　5. ABC

四、判断改错题(每题 2 分,共 10 分)

1. ×　2. √　3. ×　4. ×　5. ×

五、会计分录题(第 1 题 16 分,第 2 题 24 分,共 40 分)

1. (1)借:固定资产	200000	
贷:银行存款		200000
(2)借:无形资产	500000	
贷:股本(实收资本)		500000

(3)借:其他应收款　600
　　贷:库存现金　　600
(4)借:管理费用　600
　　贷:其他应收款　　600
(5)借:应交税费　10000
　　贷:银行存款　　10000
(6)借:管理费用　800
　　贷:库存现金　　800
(7)借:预付账款　30000
　　贷:银行存款　　30000
(8)借:库存商品　40000
　　贷:生产成本　　40000
2. (1)借:银行存款　50000
　　　固定资产　20000
　　贷:实收资本　　70000
(2)借:生产成本——A 产品　30000
　　　　　　——B 产品　70000
　　　制造费用　10000
　　贷:原材料　　110000
(3)借:生产成本——A 产品　40000
　　　　　　——B 产品　30000
　　　制造费用　10000
　　　管理费用　15000
　　贷:应付职工薪酬　　95000
(4)借:制造费用　20000
　　　管理费用　10000
　　贷:累计折旧　　30000
(5)借:生产成本——A 产品　24000
　　　　　　——B 产品　16000

贷:制造费用 40000

(6)借:银行存款 113000

贷:主营业务收入 100000

应交税费——应交增值税(销项税额) 13000

(7)借:在途物资——甲材料 20000

——乙材料 35000

应交税费——应交增值税(进项税额) 7150

贷:应付票据 62150

(8)借:在途物资——甲材料 1250

——乙材料 1750

贷:库存现金 3000

六、计算分析题(第 **1** 题 **6** 分,第 **2**、**3** 题每题 **7** 分,共 **20** 分)

1. 甲商品可变净现值=280(万元)-12(万元)=268(万元)

乙商品可变净现值=300(万元)-15(万元)=285(万元)

所以乙商品发生减值:320(万元)-285(万元)=35(万元)

该公司应计提的存货跌价准备金额为 35 万元。

会计分录:

借:资产减值损失 350000

贷:存货跌价准备 350000

2. (1)各年的折旧额:

20×1 年折旧额:(95000-5000)×3/6=45000(元)

20×2 年折旧额:(95000-5000)×2/6=30000(元)

20×3 年折旧额:(95000-5000)×1/6=15000(元)

(2)20×1 年 2 月的折旧额:45000/12=3750(元)

会计分录:

借:制造费用 3750

贷:累计折旧 3750

3.（1）营业利润＝300000＋20000－130000－18000－15000

－8000－18000－5000＋5000＋6000

＝137000（元）

（2）利润总额＝137000＋7640－5640＝139000（元）

（3）净利润＝139000×（1－25％）＝104250（元）

《会计学》模拟试卷(四)

一、填空题(每空 1 分,共 10 分)

1. 企业会计核算应当以________为基础。
2. 加速折旧法主要有________和________两种。
3. 反映企业某一时刻财务状况的对外财务报表是____________________。
4. 长期股权投资的核算方法有________和________。
5. 期间费用具体包括________、财务费用和管理费用。
6. 企业利润总额=________+________-________

二、单项选择题(每题 1 分,共 10 分)

1. 采用加速折旧法计提固定资产折旧所依据的会计核算原则是(　　)。

A. 有用性原则　　B. 重要性原则

C. 谨慎性原则　　D. 及时性原则

2. 银行存款日记账应定期与下列哪项进行核对,以保证账实相符(　　)。

A. 明细账　　B. 银行对账单

C. 未达账项　　D. 现金日记账

3. 某企业采购员预借差旅费,所引起的变动为(　　)。

A. 一项资产增加,一项负债增加

B. 一项资产增加,另一项资产减少

C. 一项资产减少，一项负债减少

D. 一项负债增加，一项负债减少

4. 某企业本期期初资产总额为 100 万元，本期期末负债总额比期初减少 10 万元，所有者权益总额比期初增加 30 万元，该企业期末资产总额是(　　)。

A. 90 万元　　B. 100 万元

C. 120 万元　　D. 130 万元

5. 期末，企业“应收账款”所属明细科目若有贷方余额，应反映在资产负债表(　　)项目中。

A. 应收账款　　B. 应付账款

C. 预收账款　　D. 预付账款

6. 下列错误中，有哪一种是经过试算平衡仍不能发现的(　　)。

A. 借方和贷方计算不正确

B. 借贷方的金额不相等

C. 某项业务只记入借方，没记入贷方

D. 重复记录某项经济业务

7. 某企业“库存商品”账户月初余额为 248000 元，本月验收入库的库存商品共计 420000 元，本月发出 370000 元，则该企业“库存商品”账户月末余额为(　　)。

A. 余额在借方，金额为 668000 元

B. 余额在借方，金额为 298000 元

C. 余额在贷方，金额为 668000 元

D. 余额在贷方，金额为 298000 元

8. 某企业年初未分配利润为 160000 元，当年实现净利润为 320000 元，该企业按净利润的 10%提取法定盈余公积，按净利润的 5%提取任意盈余公积，分配现金股利 80000 元。则该企业年末未分配利润为(　　)元。

A. 320000　　B. 432000

C. 352000　　D. 480000

9. 股份公司溢价发行股票时，溢价部分应作为（　　）。

A. 流动资产　　B. 长期投资

C. 长期资产　　D. 所有者权益

10. 某设备原值为3500元，估计使用4年，残值为500元。按年数总和法计提折旧，第二年的折旧额为（　　）。

A. 600元　　B. 875元

C. 900元　　D. 1050元

三、多项选择题（每题2分，共10分）

1. 下列会计等式中，正确的有（　　）。

A. 资产＝权益

B. 资产＝负债＋所有者权益＋收入－费用

C. 资产＝负债＋所有者权益

D. 资产－负债＝净资产

2. 总账和明细账平行登记的要点是（　　）。

A. 登记的方向相同　　B. 登记的金额相同

C. 登记的原始依据相同　　D. 登记的会计期间相同

3. 产品成本项目包括（　　）。

A. 直接材料费用　　B. 直接人工费用

C. 制造费用　　D. 管理费用

4. 购入的固定资产，其入账价值应包括（　　）。

A. 买价　　B. 运输费

C. 途中保险费　　D. 安装费

5. 反映企业经营成果的会计要素是（　　）。

A. 资产　　B. 收入

C. 费用　　D. 利润

四、判断改错题（每题 **2** 分，共 **10** 分）

1.（　　）借贷记账法下，账户余额试算平衡的理论依据是会计等式。

2.（　　）企业的所有应交税金都一律通过“应交税费”账户核算。

3.（　　）企业外购材料的实际成本一般包括买价、运费、增值税进项税额等。

4.（　　）按规定，当月减少的固定资产，当月不提折旧；而当月增加的固定资产，当月应计提折旧。

5.（　　）下列会计报表中，属于对外报送并反映财务状况的报表有资产负债表、利润表和制造费用分配表。

五、会计分录题（第 **1** 题 **16** 分，第 **2** 题 **24** 分，共 **40** 分）

1. 为甲公司 20×7 年 3 月发生的下列业务编制会计分录。

(1)公司办公室购买办公用品 1200 元，以现金支付。

(2)向银行借款 150000 元，期限 6 个月，手续办理完毕，款项存入银行。

(3)用银行存款交纳上月应交所得税 1200 元。

(4)收到购货单位乙公司的预付货款 42000 元,存入银行。

(5)职工王海出差,预借差旅费 5000 元,出纳员为其开出了现金支票。

(6)产品完工入库,结转完工产品成本 60000 元。

(7)以银行存款支付产品广告费 21000 元。

(8)收到上月的应收销货款 18000 元,存入银行。

2. 为乙公司 20×7 年 5 月份发生的以下业务编制会计分录。

(1)向 A 厂购入甲材料 3000 公斤,每公斤单价 30 元,增值税率 13%,同时支付运费 500 元,材料已验收入库,款项尚未支付。

(2)当月制造 A 产品领用材料 50000 元,制造 B 产品领用材料 40000 元,车间一般性消耗领用材料 6000 元。

(3)计算当月应付职工工资:A 产品生产工人工资 60000 元,B 产品生产工人工资 50000 元,车间管理人员工资 10000 元,厂部管理人员工资 12000 元。

(4)计提当月折旧费 30000 元，其中生产车间厂房、设备折旧费用 20000 元，厂部管理部门固定资产的折旧费用 10000 元。

(5)当月 A、B 两种产品生产工时分别为 6000 小时和 4000 小时，按生产工时比例分配并结转制造费用 70000 元。

(6)一张应收某公司的商业承兑汇票已到期，现通过银行办理结算，面值为 100000 元，到期值为 102000 元，票款如数收到并存入银行。

(7)职工张勇报销差旅费 6430 元，交回余款 570 元。

(8)月末，结转本期主营业务收入 390000 元，其他业务收入 25000 元，投资收益 80000 元。

六、计算分析题（每题 10 分，共 20 分）

1. 某企业于 20×5 年 5 月份存货购入和领用情况是：

5 月 1 日存货余额 500 件，单位成本 50 元；5 月 2 日领用 300 件；5 月 5 日购进 1000 件，单位成本 52 元；5 月 10 日领用 800 件；5 月 20 日购进 1200 件，单位成本 54 元；5 月 23 日领用 900 件；5 月 31 日期末 700 件。

要求：(1)根据以上资料使用加权平均法计算期末存货成本、本期销售成本。

(2)登记存货明细账（保留两位小数）。

存货明细账

数量单位：件　金额单位：元

日期	摘要	入库			发出			结存		
		数量	单价	金额	数量	单价	金额	数量	单价	金额

2. 某公司 20×7 年 12 月 31 日部分总账及其所属的明细账余额如下表：

20×7 年 12 月 31 日部分账户余额 单位:元

总分类账户	余额		明细分类账户	余额	
	借方	贷方		借方	贷方
原材料	72000				
材料采购	20000				
库存商品	45000				
生产成本	30000				
应付账款	80000		甲公司	86000	
			乙公司		6000
预付账款	40000		A 公司		60000
			B 公司	20000	
应交税费		17000			
短期借款		80000			

要求:根据上述资料计算并填列资产负债表中的空白项目。

资产负债表(简化格式)

20×7 年 12 月 31 日 单位:元

资产	金额	负债及所有者权益	金额
货币资金	150000	短期借款	( )
应收账款	( )	预收账款	( )
存货	( )	应付职工薪酬	80000
固定资产原值	440000	应交税费	( )
减:累计折旧	( )	实收资本	600000
固定资产净值	400000	未分配利润	−20000
资产总计	823000	负债及所有者权益总计	823000

《会计学》模拟试卷(四)参考答案

一、填空题(每空 1 分,共 10 分)

1. 权责发生制 2. 年数总和法 双倍余额递减法 3. 资产负债表 4. 成本法 权益法 5. 销售费用 6. 营业利润 营业外收入 营业外支出

二、单项选择题(每题 1 分,共 10 分)

1. C 2. B 3. B 4. C 5. C 6. D 7. B 8. C 9. D 10. C

三、多项选择题(每题 2 分,共 10 分)

1. ABCD 2. ABCD 3. ABC 4. ABCD 5. BCD

四、判断改错题(每题 2 分,共 10 分)

1. √ 2. × 3. × 4. × 5. ×

五、会计分录题(第 1 题 16 分,第 2 题 24 分,共 40 分)

1. 为甲公司 2007 年 3 月发生的下列业务编制会计分录。(8×2=16 分)

(1)借:管理费用 1200

　　贷:库存现金 1200

(2)借:银行存款 150000

贷:短期借款 150000

(3)借:应交税费 1200

贷:银行存款 1200

(4)借:银行存款 42000

贷:预收账款 42000

(5)借:其他应收款 5000

贷:银行存款 5000

(6)借:库存商品 60000

贷:生产成本 60000

(7)借:销售费用 21000

贷:银行存款 21000

(8) 借:银行存款 18000

贷:应收账款 18000

2. 为乙公司 20×7 年 5 月份发生的以下业务分别编制会计分录。(8×3=24 分)

(1)借:原材料 90500

应交税费—应交增值税(进项税额) 11700

贷:应付账款 102200

(2)借:生产成本——A 产品 50000

——B 产品 40000

制造费用 6000

贷:原材料 96000

(3)借:生产成本——A 产品 60000

——B 产品 50000

制造费用 10000

管理费用 12000

贷:应付职工薪酬 132000

(4)借:制造费用 20000

管理费用 10000

贷:累计折旧 30000

(5)借:生产成本——A 产品 42000

——B 产品 28000

贷:制造费用 70000

(6)借:银行存款 102000

贷:应收票据 100000

财务费用 2000

(7)借:管理费用 6430

库存现金 570

贷:其他应收款 7000

(8)借:主营业务收入 390000

其他业务收入 25000

投资收益 80000

贷:本年利润 495000

六、计算分析题(每题 10 分,共 20 分)

1.(1)永续盘存制下:

期末存货的成本=36764(元)

本期销售成本=105040(元)

(2)

存货明细账

数量单位:件　金额单位:元

日期	摘要	入库			发出			结存		
		数量	单价	金额	数量	单价	金额	数量	单价	金额
5.1	期初余额							500	50	25000
5.2	发出				300			200		
5.5	购进	1000	52	52000				1200		
5.10	发出				800			400		
5.20	购进	1200	54	64800				1600		
5.23	发出				900			700		
5.31	本月合计	2200		116800	2000	52.52	105040	700	52.52	36764

2.

资产负债表(简化格式)

20×7 年 12 月 31 日　单位:元

资产	金额	负债及所有者权益	金额
货币资金	150000	短期借款	(80000)
预付账款	(106000)	预付账款	(66000)
存货	(167000)	应付职工薪酬	80000
固定资产原值	440000	应交税费	(17000)
减:累计折旧	(40000)	实收资本	600000
固定资产净值	400000	未分配利润	-20000
资产总计	823000	负债及所有者权益总计	823000

《会计学》模拟试卷(五)

一、单项选择题(每小题 1 分,共 20 分)

1. 下列各项中,要求企业提供的会计信息应当能够反映企业的财务状况、经营成果和现金流量,以满足会计信息使用者的需要是(　　)会计信息质量的要求。

A. 权责发生制　　B. 客观性

C. 重要性　　D. 相关性

2. 提取盈余公积会导致(　　)。

A. 利润减少　　B. 未分配利润减少

C. 留存收益减少　　D. 所有者权益减少

3. 某企业资产总额 300 万元,当发生下列经济业务后:(1)赊购商品 20 万元;(2)收回应收账款 30 万元存入银行;(3)用银行存款偿还银行借款 15 万元,其负债及所有者权益总计是(　　)。

A. 305 万元　　B. 365 万元

C. 325 万元　　D. 350 万元

4. 某企业月初库存材料 60 件,每件为 1000 元,本月又购进两批,一次 200 件,每件 950 元,另一次 100 件,每件 1046 元,则月末该材料的加权平均单价为(　　)元。

A. 980　　B. 985

C. 990　　D. 1182

5. 下列项目中,不属于费用会计要素的是(　　)。

A. 销售费用　　B. 管理费用

C. 长期待摊费用　　D. 财务费用

6. 面值1000万元，6个月到期，利率3%的商业汇票，持有2个月后向银行贴现，贴现率为6%，则贴现息为(　　)。

A. 40万元　　B. 30万元

C. 20万元　　D. 20.3万元

7. 期末，企业应将持有的交易性金融资产公允价值增值金额计入(　　)。

A. 投资收益　　B. 财务费用

C. 公允价值变动损益　　D. 营业外收入

8. 某企业按照应收账款余额的10%计提坏账准备。该企业2014年末应收账款余额为2000万元，坏账准备余额为180万元。2015年发生坏账损失50万元，发生坏账收回60万元，2015年末应收账款余额为2500万元，那么该企业2015年应该提取的坏账准备为(　　)万元。

A. 40　　B. 50

C. 60　　D. 70

9. 某企业销售商品6000件，每件售价60元(不含增值税)，增值税税率13%；企业代垫运杂费500元。该企业在这项交易中应确认的收入金额为(　　)元。

A. 360500　　B. 406800

C. 360000　　D. 407300

10. 下列交易或事项，应确认为营业外收入的是(　　)。

A. 接受捐赠利得　　B. 政府补贴

C. 出售无形资产净收益　　D. 出租固定资产的收益

11. 采用成本法核算长期股权投资的情况下，被投资企业发生盈利时，投资企业应当(　　)。

A. 贷记"投资收益"科目　　B. 贷记"资本公积"科目

C. 借记"长期股权投资"科目　　D. 不作处理

12. 下列各项税金中，不应计入"税金及附加"的是(　　)。

A. 消费税　　B. 增值税

C. 房产税　　D. 印花税

13. 某公司只生产一种产品，9月份为生产该产品耗用原材料800,000元，生产工人工资100,000元，生产工人福利费14,000元，制造费用50,000元，销售部开支各种费用30,000元，公司办公费用60,000元。该产品当月全部完工，则该批完工产品的成本为（　　）。

A. 950,000元　　B. 964,000元

C. 994,000元　　D. 1,024,000元

14. “本年利润”账户的贷方余额表示（　　）。

A. 净利润　　B. 利润总额

C. 利润分配金额　　D. 亏损总额

15. 某公司需增加注册资本到600000元，经研究决定接受甲投资者的投资。根据公司的现状，甲投资者须缴入资金500000元，享有公司三分之一的股份。该公司收到新投资500000元后，应该确定“实收资本——甲”为（　　）元。

A. 300000　　B. 200000

C. 500000　　D. 600000

16. 某企业2015年发生营业收入1000万元，营业成本600万元，销售费用30万元，管理费用40万元，财务费用10万元，投资收益40万元，资产减值损失70万元（损失），公允价值变动损益80万元（收益），营业外收入25万元，营业外支出15万元，其他综合收益为100万元。则该企业2015年的营业利润为（　　）。

A. 370万元　　B. 330万元

C. 320万元　　D. 390万元

17. 某股份有限公司委托证券公司发行股票1000万股，每股面值1元，每股发行价格5元。合同规定，该股份公司在股票发行成功后，应按发行收入的3%向该证券公司支付发行费。假设股票发行成功，不考虑其他因素，该股份有限公司计入“资本公积”科目的金额应为（　　）万元。

A. 4850　　B. 970
C. 1000　　D. 3850

18. 某企业1月1日所有者权益为1 000万元，当年实现净利润200万元，提取盈余公积20万元，向投资者分配利润50万元。该企业12月31日所有者权益为(　　)。

A. 1 130万元　　B. 1 220万元
C. 1 200万元　　D. 1 150万元

19. 利润表反映的是(　　)。

A. 企业某一会计期间的经营成果
B. 企业某一特定日期的财务状况
C. 所有有关企业的信息
D. 企业某一会计期间的现金流量

20. 下列资产负债表项目中，不可以根据相应总账账户期末余额直接填列的项目是(　　)。

A. 资本公积　　B. 短期借款
C. 应收账款　　D. 应付股利

二、多项选择题(每小题 **2** 分，共 **10** 分)

1. 下列各项中，企业能够确认为资产的有(　　)。

A. 融资租入的设备
B. 经营租入的设备
C. 已收到发票，但尚未到达企业的原材料
D. 委托代销的商品。

2. 下列错误中，(　　)不能通过试算平衡发现。

A. 某项经济业务未入账
B. 应借应贷的账户方向颠倒
C. 借贷双方同时等额多计了经济业务的金额
D. 借贷双方中一方多记金额，一方少记金额。

3. 计提固定资产折旧应考虑的因素有(　　)。

A. 固定资产原值　　B. 预计使用年限

C. 固定资产净值　　D. 预计净残值

4. 股份有限公司增加股本的途径有(　　)。

A. 发行股票　　B. 发放股票股利

C. 资本公积转增资本　　D. 发行债券

5. 企业编制资产负债表时，下列各项应包括在“应收账款”项目中的有(　　)。

A. 应收账款明细账的借方余额

B. 预收账款明细账的借方余额

C. 应收账款明细账的贷方余额

D. 预收账款明细账的贷方余额

三、判断改错题(在每小题后面的括号内填入判断结果，正确的打√；错误的打×，说明原因并加以改正，每题2分，共10分)

1. (　　)由于“资产＝负债＋所有者权益”，所以，资产总额必然大于负债总额。

2. (　　)期末库存商品少计，会使当期的营业利润多计。

3. (　　)企业在开出的银行承兑汇票到期无力支付时，应当将应付票据所涉金额转为应付账款。

4. (　　)预付货款不多的企业，可以不设置“预付账款”账户，发生的预收货款通过“应付账款”账户核算。

5. (　　)资产负债表是反映企业在某一特定日期财务状况及其变动情况的报表。

四、会计分录题（共 30 分）

德美公司本月发生下列经济业务，编制相关会计分录。（每小题 2 分）

1. 1 日，采购员王维出差，借支差旅费 8000 元，用现金支付。

2. 3 日，持有某公司的带息商业汇票到期，面值 468000 元，到期收回 468585 元。

3. 5 日，购入甲材料 5000 件，单价 60 元，增值税 39000 元，款项尚未支付。材料已验收入库。

4. 6 日，收到新合作伙伴投入设备一批，经评估确认价值为 3000 000 元，占注册资本（总额 1000 万元）的 25%。

5. 7 日，王维出差回来，报销差旅费 7465 元，并交回余款。

6. 7日，材料仓库发出原材料 78000 元，其中生产产品消耗 73600 元，车间一般性消耗 1400 元，行政部门耗用 3000 元。

7. 8日，对长河公司的应收账款尚有 7000 元未收回，经确认收回的可能性不大，作为坏账处理。

8. 10日，向宏泰公司销售一批产品，销售价总额为 200000 元，增值税额为 26000 元。收到宏泰公司交来的一张面值为 226000 元、期限 3 个月的商业承兑汇票。

9. 经计算已销售产品的成本为 106000 元。

10. 15日，本月完工入库产品一批，成本为 564000 元。

11. 20日，用现金购买一批办公用品 690 元，交付各部门使用。

12. 25 日，公司召开董事会，制定利润分配方案，决定向股东分红 600000 元，款项尚未支付。

13. 31 日，经计算本期负担的教育费附加 1280 元。

14. 31 日，持有的 M 公司股票 20000 股(不打算长期持有)，每股上涨 1.2 元。

15. 31 日，计提固定资产折旧，其中，生产车间使用的固定资产为 7600 元，行政管理部门使用的固定资产折旧为 5200 元，共计 12800 元。

五、计算应用题(30 分)

(一)某企业 6 月份发生以下有关业务：

1. 销售商品一批，售价 50000 元，其中 30000 元对方暂欠，20000 元已收存银行；该批商品成本为 35000 元。

2. 支付本月水电费 1000 元。

3. 预付下半年仓库租金 30000 元。

4. 收到去年提供的劳务收入款 600 元。

5. 本月提供一项劳务，价款 800 元，款项尚未收到。

6. 年初已支付的保险费本月应负担 2000 元。

要求：分别按权责发生制和收付实现制确认 6 月份的收入和费用。（8 分）

业务号	权责发生制		收付实现制	
	收入	费用	收入	费用
1				
2				
3				
4				
5				
6				
合计				

（二）安德咨询公司由张安和李德合伙创建，最近发生了下列经济业务，并由会计人员做了相应的处理：

1. 4 月 10 日，张安从公司财务部拿了 380 元现金给自己的孩子购买玩具，会计将其记为公司的管理费用，理由是：张安是公司的股东，公司的钱也有张安的一部分。

2. 4 月 15 日，会计将 4 月 1 日至 15 日的收入、费用汇总后，计算出半个月的利润，并编制了财务报表。

3. 4 月 20 日，公司将融资租赁方式取得的一台设备，价值 200000 元，作为固定资产入账。

4. 4 月 30 日，计提固定资产折旧，采用年数总和法，而此前计提折旧均采用平均年限法。

5. 4 月 30 日，收到伟才公司的预付咨询款 30000 元，会计将其作为 4 月份的收入处理。

6. 4 月 30 日，在公司编制的财务报表中显示“应收账款”60000

元，但没有“坏账准备”项目。

要求：根据上述资料，完成下表。（6 分）

业务号	正确/错误	主要遵循或违背了何种会计假设、会计原则
1		
2		
3		
4		
5		
6		

（三）20×0 年 12 月 20 日，甲公司购入一台不需要安装的机器设备，价款 47000 元，增值税 6110 元，另支付运输费 2000 元，保险费 1 000 元，款项均以银行存款支付。该设备即日起投入基本生产车间使用，预计可使用 5 年，预计净残值为 2000 元。（6 分）

要求：(1)计算机器设备的原始价值。

(2)用年数总和法计算甲公司 20×2 年度的折旧额。

(3)用双倍余额递减法计算甲公司 20×3 年度的折旧额。

（四）长江公司 20×5 年 12 月 31 日有关账户余额及相关资料如下：

原材料：	50 000 元	库存商品：45 500 元
固定资产：	820 000 元	累计折旧：350 000 元
生产成本：	37 000 元	短期借款：70 000 元
流动资产合计：	218 500 元	负债合计：131 500 元

要求：计算下列各项数字，将结果填入下表：(10 分)

资产负债表

编制单位：长江公司　　　20×5 年 12 月 31 日　　　单位：元

资产	金额	负债及所有者权益	金额
存货		短期借款	
应收账款		应付账款	
流动资产合计		负债合计	
固定资产净值		所有者权益合计	
资产总计		负债及所有者权益总计	

《会计学》模拟试卷(五)参考答案

一、单项选择题(每题 **1** 分,共 **20** 分)

1. D　2. B　3. A　4. B　5. C　6. D　7. C　8. A　9. C
10. A　11. D　12. B　13. B　14. A　15. B　16. A　17. D
18. D　19. A　20. C

二、多项选择题(错选、多选、少选均不给分,每小题 **2** 分,共 **10** 分)

1. ACD　2. ABC　5. ABD　9. ABC　10. AB

三、判断改错题(正确的打"√",错误的打"×",并改正错误。每小题 2 分,共 10 分)

1. ×　企业所有者权益有可能为负数,此时资产将小于负债。

2. ×　期末存货少计,当期的利润也会少计。

3. ×　企业在银行承兑汇票到期无力支付时,应当将应付票据所涉金额转为短期借款。

4. √

5. ×　资产负债表是反映企业在某一特定日期财务状况的报表。

四、会计分录题(本大题共 **30** 分,每小题 **2** 分)

1. 借:其他应收款一王维　　8000

　　贷:库存现金　　8000

2. 借:银行存款	468585	
贷:应收票据		468000
财务费用		585
3. 借:原材料	300000	
应交税费——应交增值税(进项税额)	39000	
贷:应付账款		339000
4. 借:固定资产	3000000	
贷:实收资本		2500000
资本公积		500000
5. 借:管理费用	7465	
库存现金	535	
贷:其他应收款		8000
6. 借:生产成本	73600	
制造费用	1400	
管理费用	3000	
贷:原材料		78000
7. 借:坏账准备	7000	
贷:应收账款一长河公司		7000
8. 借:应收票据	226000	
贷:主营业务收入		200000
应交税费一应交增值税(销项税额)		26000
9. 借:主营业务成本	106000	
贷:库存商品		106000
10. 借:库存商品	564000	
贷:生产成本		564000
11. 借:管理费用	690	
贷:库存现金		690
12. 借:利润分配一应付现金股利	600000	
贷:应付股利		600000

13. 借:税金及附加　　1280
　　贷:应交税费—应交教育费附加　　1280
14. 借:交易性金融资产—公允价值变动　　24000
　　贷:公允价值变动损益　　24000
15. 借:制造费用　　7600
　　管理费用　　5200
　　贷:累计折旧　　12800

五、计算应用题:(共 30 分)

(一)8 分

业务号	权责发生制		收付实现制	
	收入	费用	收入	费用
1	50000	35000	20000	35000
2		1000		1000
3				30000
4			600	
5	800			
6		2000		
合计	50800	38000	20600	66000

(二)6 分

业务号	正确/错误	主要遵循或违背了何种会计假设、会计原则
1	错误	会计主体
2	错误	会计分期
3	正确	实质重于形式
4	错误	可比性
5	错误	权责发生制
6	错误	谨慎性

(三)6 分

1. 机器设备的原始价值为:47000+2000+1000=50000 元

2. 20×2 年的折旧额:(50000−2000)×4/15=12800

3. 20×3 年的折旧额:(50000−20000−12000)×40%=7200

(四)10 分

资产负债表

编制单位:长江公司　　　　20×5 年 12 月 31 日　　　　单位:元

资产	金额	负债及所有者权益	金额
存货	132500	短期借款	70000
应收账款	86000	应付账款	61500
流动资产合计	218500	负债合计	131500
固定资产净值	470000	所有者权益合计	557000
资产总计	688500	负债及所有者权益总计	688500